SURVIVAL ENGLISH

내 인생을 바꾸는
캐나다에서
홀로서기

SURVIVAL ENGLISH

내 인생을 바꾸는
캐나다에서 홀로서기

지은이 | 이창훈

저자 한마디
INTRODUCTION

15여 년 동안 김옥란 유학원에서 일하면서 수차례에 걸쳐 캐나다 전역을 횡단하며 모든 도시와 대부분의 교육기관을 두루 탐방했다. 캐나다에 관한 한 누구 못지않은 풍부한 경험과 정보를 가졌다고 자신해왔지만 처음 캐나다 전반의 정보를 수록한 책을 만들자는 제의를 받았을 때는 무척 망설여졌다. 광활한 캐나다의 학교, 관광, 생활 정보를 책 한 권에 모두 넣는다는 것은 절대 쉽지 않으리라 생각했기 때문이다. 오랜 고심 끝에 작업해보기로 결심했지만 1년 가까이 자료를 정리하며 글을 쓰는 것은 역시 힘드운 일이었다. 수시로 변하는 캐나다 비자 관련 법규와 지역별로 차이 나는 생활정보는 확인에 확인을 거쳐야 하는 민감하고 고단한 작업이었다.

글을 쓰는 내내 학생들에게 꼭 필요하고 유용한 정보만을 가장 객관적인 시각으로 소개하려고 노력했지만 아직 부족한 부분이 많을 것으로 생각한다. 앞으로 부족한 부분과 변동되는 정보는 지속적으로 수정하고 보완할 것을 다짐하면서 긴 작업기간 동안 캐나다 정보와 자료정리에 협조를 아끼지 않은 김옥란 유학원 본사를 포함한 전 지사 직원들의 노고에 감사드린다. 아울러 예정시간보다 지체된 원고를 인내를 갖고 기다려준 국민출판사 홍성은 씨에게 깊이 감사드린다.

도움주신 분들

Scott Redgrove, Charles Moor, Phillip Kwon, 이동훈, 고성길, 임지현, 채종원, 이동호, 유한승 님
김옥란 밴쿠버/ 토론토/ 빅토리아/ 캘거리/ 몬트리올 지사

무한한 가능성의 나라 캐나다

캐나다는 세계의 많은 언어학자로부터 가장 표준화된 영어표현과 발음을 사용하는 국가로 인정받고 있으며, 수많은 영어교육기관에서 오랫동안 연구하고 발전해온 우수한 영어교육 프로그램을 제공한다. 또 기초학문과 연구중심의 캐나다 대학들의 지속적인 노력으로 많은 노벨상 수상자를 배출해왔으며 그 교육의 우수성을 세계 속에서 인정받고 있다. 이처럼 우수한 캐나다의 교육 프로그램은 세계화 시대가 요구하는 영어능력배양과 국가 간 장벽이 허물어져 가는 국제화 시대를 선도할 우수한 인력들을 배출하기에 부족함이 없다.

북미와 유럽문화가 공존하면서 인종차별 없는 캐나다의 다민족문화는 국제학생들을 이끄는 또 하나의 큰 매력이다. 최근 개방적인 캐나다 정부의 이민정책으로 세계각지의 검증된 우수한 인력들이 캐나다로 이주해서 정착하고 있다. 캐나다 정부는 미국과 달리 다민족 각각의 전통과 문화를 장려하는 정책을 펼치고 있으며, 세계에서 가장 인종차별이 적은 평화 국가로 인정받고 있다. 또, 세계 최하위의 범죄발생률은 완벽한 치안을 입증하며 안전한 캐나다 생활을 보장한다.

한 사람의 가치관과 나아가 인생을 바꾼다는 로키산맥의 웅장한 규모에서부터, 쉼 없이 펼쳐지는 중부 캐나다의 광활한 평야지대, 세계최고의 광경을 자랑하는 나이아가라 폭포 등 상상하지 못할 만큼 아름답고 수려한 캐나다의 자연환경은 많은 이들의 감탄을 자아내게 한다. 캐나다를 방문하는 모든 학생들이 평화롭고 아름다운 자연 속에서 공부와 여행 등 잊지 못할 소중한 추억을 만들길 바란다.

차례
CONTENTS

Part 01 출국 준비

1. 비자별 특성 안내	10
2. 워킹홀리데이 비자 신청하기	13
3. 학생 비자 신청하기	22
4. 비자 연장하기	26
5. 지역 선택하기	29
6. 영어학교 선택하기	36
7. 항공권 예약하기	42
8. 출국 전 준비물	45
9. 짐 꾸리기	49

Part 02 출발하기

1. 인천공항에서	54
2. 입국심사 & 세관검사	56
3. 공항에서 시내로 가는 교통편	62

Part 03 숙소 구하기

1. 호스텔	68
2. 홈스테이	72
3. 쉐어하우스 & 렌트	75

Part 04 캐나다 생활 안내

1. 전화와 인터넷	82
2. 은행 이용하기	88
3. 대중교통 이용하기	95
4. 생필품 사기	106
5. 공공도서관 이용하기	110
6. 건강보험 가입하기	113
7. 병원, 약국 이용하기	116
8. 캐나다에서 운전하기	120
9. 자동차 렌트와 구매	124

Part 05 아르바이트하기

1. SIN Card 신청하기 — 130
2. 영문 이력서 작성하기 — 133
3. 아르바이트 구하기 — 138
4. 학생 비자로 일하기 — 146
5. 자원봉사(Volunteer) 하기 — 151

Part 06 캐나다 즐기기

1. 도시별 관광명소 — 158
2. 장거리 여행 방법 — 172
3. 추천 맛집 — 176
4. 캐나다에서 쇼핑하기 — 178
5. 지역별 스키장 — 183
6. 캐나다의 축제와 이벤트 — 196

Part 07 캐나다에서 대학 가기

1. 종류별 대학 안내 — 204
2. 입학방법 & 자격요건 — 207
3. 캐나다의 대표적인 대학교 — 209

Part 08 귀국 준비

1. 세금환급 — 218
2. 짐 정리하기 — 219
3. 항공 좌석 예약과 탑승수속 — 220

- 캐나다 체험기 — 224
- 지역별 지도와 노선도 — 232

내 | 인 생 을 | 바 꾸 는 | 캐 나 다 에 서 | 홀 로 서 기

Part 01

출국준비

Canada

001 비자별 특성 안내

> 신청자격은 만 18세 이상 30세 이하로, 2010년에는 총 4,020명에게 비자가 발급된다.

워킹홀리데이 비자(Working Holiday)

워킹홀리데이 비자는 말 그대로 '일도 하고 여행도 할 수 있는 비자'로, 한국과 캐나다는 1995년부터 워킹홀리데이 비자협정이 체결되었다. 비자 취득자는 1년 동안 자유롭게 여행과 일을 할 수 있으며, 6개월 이내로 영어 혹은 불어 등의 교육기관에 등록할 수 있다. 워킹홀리데이 프로그램은 청소년들에게 상대 국가를 보다 저렴한 비용으로 여행하고 탐구할 기회를 제공함으로써, 국가 간의 이해를 높이고 문화교류를 증진하고자 한다. 이 프로그램을 통해 협정국들은 자국의 생활과 문화 등을 더욱 널리 알린다.

방문 비자(Visitor Visa)

관광이나 6개월 미만의 학업(어학연수)을 희망하는 사람에게 해당한다. 한국에서 별도의 비자수속 없이 캐나다 입국 시 입국심사를 통해 초기 최장 6개월까지 체류허가를 받을 수 있으며, 캐나다 현지에서 비자 연장을 통해 총 9~12개월까지 체류할 수 있다. 2002년 6월 개정되어 시행되고 있는 새로운 비자법으로 6개월 이하의 어학연수뿐만 아니라 전문과정이라도 총 이수기간이 6개월을 초과하지 않으면 방문 비자로 학교에 다닐 수 있다. 캐나다 입국심사에서 인터뷰를 통해 심사관의 권한으로 체류기간이 부여된다. 방문 비자 입국자는 입국심사를 할 때 체류기간에 재정적으로 문제가 없으며, 방문기간이 끝나면 캐나다를 떠날 항공권을 소지하고 있음을 출입국 관리인(immigration officer)에게 증명해야 한다.

학생 비자(Study Permit)

캐나다에서 6개월 이상 학업을 희망하는 경우 필요한 비자로, 한국에서 학생 비자 신분으로 입국한다는 승인 레터를 캐나다 대사관에서 발급받아 캐나다로 입국한다. 정확한 체류기간은 방문 비자와 마찬가지로 현지 입국심사를 통해 학교 등록기간에 따라 결정된다. 심사는 학업의 명분이 충분한지와 학업에 필요한 재정지원이 확실한지를 기준으로 한다. 서류가 충분하지 않거나 사소한 실수 등으로 학생 비자 거절률이 약 5%에 이르는 만큼 신청 전 세심한 주의로 완벽한 서류를 갖추어 신청하자.

산학연계/인턴십을 위한 취업허가 비자

산학연계/인턴십(Co-op Program, Internship Program)을 위한 취업허가(Co-op Work permit)는 교육과정 중 현장실습 과정이 포함된 프로그램을 수강하는 학생들이 합법적으로 현장실습을 수행하고자 학생 비자와 함께 발급받는 비자다. 프로그램 참가자는 학업을 위한 프로그램 수강이 근본적인 목적이므로 비자신청 구비서류는 학생 비자 구비서류에 따른다. 다만, 구비서류 중 캐나다의 교육기관으로 발급된 입학허가서 원본에 반드시 현장실습에 대한 내용과 기간이 표시되어야 하며 이 현장실습의 기간은 수강하는 총 프로그램 기간의 50%를 초과할 수 없다.

> 현장실습이 포함된 산학연계나 인턴십 프로그램이지만 입학허가서 상에 현장실습 내용이 눈에 잘 띄지 않게 표기된 경우 학생 비자만 발급되고 취업허가는 발급되지 않는 일이 종종 발생한다. 신청자는 서류접수 시 자신이 산학연계/인턴십 프로그램으로 캐나다에서 공부할 것이며 현장실습이 필요하다는 사실을 알리는 내용의 편지를 동봉하는 것이 좋다.

취업 비자(Work Permit)

최근 캐나다 경기의 활황으로 많은 일자리가 창출되어 그 어느 때보다 취업 비자에 대한 관심이 높아졌으며, 취업을 목적으로 매년 약 9만여 명의 외국인들이 캐나다로 입국하고 있다. 캐나다에서 취업 비자를 소지하고 일하는 경우 18세 미만의 자녀는 공립학교 학비가 무료고 다양한 복지혜택을 누릴 수 있으며 일정 기간이 지나면 영주권도 신청할 수 있다. 하지만 캐나다 현지의 사업체로부터 취업 초청장과 캐나다 인력자원사무국(HRSDC)으로부터 경제효과 확인서(LMO)를 미리 취득해야 하는 등 비자 발급을 위한 자격요건이 까다롭다.

> 최근 취업 비자는 캐나다 내의 가족이나 친지 등 인척관계를 통해 캐나다 사업체의 구직요청을 받거나, 현지에서 학업을 마친 후 고용주를 만나는 경우가 있다. 비자 신청을 위한 조건과 서류, 그리고 소요시간은 캐나다에서 어떤 직업에 종사할 것인가에 따라 다르다.

전자여권 신청하기

여권은 출국 허가증이자 외국에서 자신의 국적과 신분을 증명하는 신분증이다. 여권이 있어야 비자도 신청할 수 있으며 출입국은 물론 외국에서 신분이나 나이를 증명해야 하는 여러 상황에서 꼭 필요하다. 2008년 8월 25일부터 모든 여권은 전자여권으로 발급되며 가까운 구청이나 시청 등 지방자치단체를 직접 방문해서 신청하면 된다. 외교통상부 홈페이지를 통해 지역별 가까운 곳의 위치와 연락처를 확인할 수 있다. 한 번의 짧은 관광이 아니라면 복수여권을 만드는 것이 좋다. 여권 발급까지 4~5일 소요.
http://www.0404.go.kr/
구비서류: 신분증, 여권용 사진 1매
복수여권(10년): 55,000원, 단수여권(1년): 20,000원

002 워킹홀리데이 비자 신청하기

A. 신청자격: 아래의 요건을 모두 구비한 자
- 대한민국 내에 거주하는 대한민국 국민(타 국가의 영주권자 제외)
- 관광을 주목적으로 일정기간 입국하는 자
- 신청 당시 만 18세 이상 30세 이하
- 부양가족을 동반하지 아니한 자
- 유효한 여권과 왕복 항공권을 소지하였거나 항공권을 살 수 있는 충분한 자금을 소지한 자
- 캐나다 공공 보건과 관련, 캐나다 정부가 지정한 의사의 신체검사를 통과한 자 (주의: 선발된 신청자들만이 신체검사 요청을 받게 되므로 신청 전에 미리 신체검사를 받을 필요 없음)

> **2010년 신청시기/ 선발인원**
> 2010년 밴쿠버와 휘슬러에서 개최되는 동계 올림픽과 장애인 올림픽을 기념하고자 2009년에 이어 2010년에도 각각 2,010명씩 두 번에 걸쳐 선발한다.
> 1차: 2009년 11월 2일~6일 (신청접수 후 2009년 12월 22일(화) 합격자 확정)
> 2차: 2010년 6월 추정(추후 대사관 홈페이지를 통하여 신청접수 일자 공지 예정)

B. 비자 신청방법(2010년 지원자)

- 1단계: 지원서 준비

www.canadaworkingholiday.kr에서 이름(여권 상 영문이름), 주민등록번호, 이메일 주소, 거주지(ex. 경상남도, 전라북도 등)를 입력하고 '지원자 파일 번호'를 받는다. 이어서 '다음' 버튼 클릭 후 '온라인 지원서 작성하기'로 이동해서 온라인 지원서를 작성한다.

2010년 모집부터 지원서를 온라인상에서 직접 작성할 수 있으며, 부여

받은 '지원자 파일번호' 및 입력했던 이름(여권상 영문이름), 생년월일, 이메일 주소가 지원서에 자동으로 입력된다. 지원서를 작성한 후 반드시 '지원하기' 버튼을 클릭해야 전체 지원자 리스트에 등록되며 '출력하기' 버튼을 클릭할 수 있다.

비자발급을 위한 심사 과정에서 본인의 친필서명이 필요하므로 온라인 지원서를 작성한 후에도 작성된 지원서를 출력해서 지원서 마지막 장에 친필서명을 한 후 구비서류들과 함께 제출해야 한다. 온라인상에서 작성한 지원서가 1차 제출 서류에 포함되어야 할 '출력된 지원서(친필서명 포함)'를 대체할 수 없다.

> **지원자 파일번호 확인하기**
> www.canadaworkingholiday.kr/index.php?mode=mymenu에서 이름(여권상 영문이름), 주민등록번호, 이메일 주소(처음에 입력했던 이메일 주소)를 입력하면 본인의 지원자 파일번호를 재확인할 수 있다.

- 2단계: 구비서류 준비(아래 구비서류들을 기한 내 준비한다.)

> **취업허가증 신청서**
> www.cic.gc.ca/english/pdf/kits/forms/IMM1295B.PDF 에서 다운로드

> **개인기록 요약본 다운로드**
> www.canadainternational.gc.ca/korea-coree/assets/pdfs/WORK_PERMIT_Summary_of_Personal_History_Form.pdf
> (영어와 프랑스어 중 사용 가능한 언어 선택할 것)

1. 출력된 온라인 지원서(친필서명 포함)
2. 완벽하게 기재하고 서명한 취업허가증 신청서
3. 여권 사본 1장(최소 2년 이상 유효한 대한민국 여권)
4. 여권용 사진 1장
5. 개인기록 요약본(Summary of Personal History Form)
6. 만 18세 이후의 모든 활동사항에 관련된 증빙서류
   - 성적증명서(transcript)
   : 전문대학, 대학, 대학원 과정에 입학한 경력이 있다면 현 상태(재학, 휴학 또는 자퇴, 졸업)에 상관없이 반드시 성적증명서를 제출해야 한다. 2010년 상반기 모집부터 성적증명서가 졸업 및 재학증명서를 대체한다. 대학 입학 경력이 없는 사람은 고등학교 졸업증명서만 제출한다.
   - 경력 및 병적증명서 등
   - 세무서 발행 소득금액증명서
   : 취업한 경력이 있으면 경력증명서 외 반드시 세무서 발행 소득금액증명서를 제출해야 한다. 세무서 발행 소득금액증명서가 없는 경우, 급여가 입금된 통장 사본 또는 국민연금납입 증명서로 대체할 수 있다. 취업 경력이 없는, 미취업자 또는 학생들은 내지 않아도 된다.
7. 지원자 본인의 가족관계 증명서(주민등록등본과 다름)

8. 재정서류
: 지난 3개월간의 본인 예금잔액증명서 혹은 통장사본: 왕복 항공권과 1년간 사용할 생활비 정도. 본인 통장이 아닐 경우에는 재정을 보증하겠다는 내용의 서명된 편지도 함께 제출해야 한다.
9. 한국 범죄경력 자료회보서 원본

> 원본이 영어나 불어가 아닌 서류일 경우에는 반드시 번역본을 함께 제출해야 한다.
> 제출한 모든 신청서와 서류는 반납되지 않으니 여권과 통장 원본은 절대 제출하지 않도록 한다.

• 3단계: 서류 우편 발송

대사관 홈페이지에 공지된 2010년 워킹홀리데이 신청모집일자에 맞춰 아래 주소로 준비된 서류들을 우편으로 보낸다. (신청서류는 팩스나 이메일로 받지 않으며, 이 기간 동안의 우편소인이 찍힌 것만 유효하다. 봉투에 반드시 Working Holiday Program이라고 명확히 기입하도록 한다.)

> * 정확한 접수시간 확인을 위해 우편 접수 시, 접수시각증명'을 찍어달라고 한다. (접수 전, 접수시각증명이 정확히 찍혔는지 반드시 확인 후 접수요망)
> * 지원자 파일넘버를 겉봉투에 명확히 쓴다.
> * 보낼 곳: 서울 중앙우체국 사서함 6299 주한캐나다 대사관 Working Holiday Program 담당자 앞(우편번호 100-662)

C. 선발 과정

선발기준은 우체국 접수시간 기준 선착순 우선 선발이다. 모집 기간 동안 우체국에 접수된 순서에 따라 선발 후 서류 심사를 거쳐 최종 합격자를 선발한다. 선착순으로 도착한 서류 가운데 미비하거나 정확하지 않은 정보를 게재한 서류를 제외한 최종인원이 선발되며, 선발된 인원 가운데 부득이한 사정으로 선발된 후 비자신청을 포기하는 지원자의 수를 감안해서 대기자 (Wait-list)도 선발한다. 따라서 서류의 정확도에 따라 선착순으로 지원하고도 선정되지 않을 수 있다.

D. 선발 결과 통보

2010년 1차 모집에 선발된 2010명의 명단은 2009년 12월 22일, 주한 캐나다 대사관 홈페이지에 공고되어 확정되었으며 2차 모집의 선발방식과 선발결과 통보일은 추후 캐나다 대사관 홈페이지를 통해 공고될 예정이다. 신청 관련 문의는 이메일로만 받으며, 신청서의 진행상태나 결과에 대한 문의는 일체 받지 않는다.

> 이메일
> seoul.application@international.gc.ca

E. 선발 후의 절차

선발된 인원은 캐나다 이민성 지정병원에서 신체검사를 받은 후 합격한 사람들에 한해 프로그램 참가비(GPP: Global Program Participation)를 납부한다. 신체검사 및 프로그램 참가비 납부 방법에 대해서는 선발결과 통보 시에 함께 공고된다. 신체검사를 통과하고 이민 및 난민보호법(Immigration and Refugee Protection Act (IRPA))의 요구사항들을 만족하는 신청자들은 취업허가증을 받게 된다. 만일 처음 선발된 인원 중 신체검사를 통과하지 못한 신청자가 있으면 다음 후보자(Wait-list)가 선발된다.

워킹홀리데이 프로그램 선발과정은 최종합격에 이르기까지 아래 2단계에 걸쳐 진행된다.
1. 지원자격 심사기준에 의거한 1차 선발
2. 1차 합격자 중, 취업허가 승인레터 발급 여부는 캐나다의 이민 및 난민보호법에 의거한 심사와 판단에 따른다. 그러므로 지원자격 심사에 합격한 1차 합격자들이 모두 취업허가 승인레터를 발급받는 것은 아니다.

> **주의사항**
> 대사관으로부터 취업허가가 승인되었다는 편지를 받을 때까지 절대로 비행기표를 발권하지 않도록 한다. 참가자 중 비행기표를 미리 사두고, 취업허가증을 빨리 내달라고 요청하는 경우가 있는데, 개인의 일정에 따라 취업허가증의 발급 시기를 앞당길 수 없다.

F. 자주 묻는 질문

Q 캐나다에 언제까지 도착해야 합니까?
A 취업허가 승인레터 원본을 가지고, 신체검사 받은 날로부터 1년 안에는 반드시 캐나다에 입국해야 합니다. 입국할 때 1년 유효한 취업허가증을 발급받게 됩니다. 여권 유효기간이 1년 미만일 경우 여권 만료기간까지만 유효한 취업허가증을 발급받습니다. (기간이 짧은 것 기준)

Q 신체검사를 꼭 받아야 합니까?
A 네. 1차 워킹홀리데이 프로그램에 선발된 지원자는 반드시 이민성 지정 기관에서 신체검사를 받아야 합니다.

Q 취업허가증은 얼마 동안 유효합니까?
A 취업허가증은 캐나다에 입국한 이후 12개월 동안 유효하며 워킹홀리데이 프로그램으로는 갱신할 수 없습니다.

Q 지원서를 퀵서비스나 직접 방문으로 제출할 수 있습니까?
A 아니오. 우체국소인이 찍힌 지원서만 접수합니다.

Q 대한민국 국민으로서 신청 당시 외국에 거주해도 괜찮습니까?
A 신청 당시 반드시 대한민국 거주자여야 합니다.

Q 워킹홀리데이로 캐나다에 머물 당시, 다른 나라를 잠시 방문해도 괜찮습니까?
A 네. 워킹홀리데이 기간 동안에는 다른 나라 방문 후 캐나다에 재입국해도 괜찮습니다.

Q 취업허가레터 사본으로 캐나다 입국이 가능합니까?
A 아니오. 입국 시, 반드시 취업허가레터 원본을 제출해야 합니다.

Q 취업허가레터를 받은 이후 캐나다에 출국하기 전에 여권을 바꾸었습니다. 캐나다 대사관에 공지해야 하나요?
A 아니오. 취업허가레터를 바꿀 필요는 없습니다. 캐나다 입국 당시 심사관에게 여권을 바꾸었다고 설명하면 됩니다. 구 여권의 첫 페이지(사진이 나와있는 부분) 사본을 제시하는 것이 도움이 됩니다.

Q 취업허가증이 만료된 이후에 캐나다에 머무를 수 있습니까?
A 네. 그러나 취업허가증 만료 30일 이전에 반드시 캐나다 내에서 적절한 허가/비자를 받아서 체류기간을 연장할 수 있도록 해야 합니다. 워킹홀리데이로는 갱신할 수 없다는 점을 명심하십시오. 캐나다 내에서 체류 연장/체류 신분 변경과 관련해서는 웹사이트(www.cic.gc.ca/english/visit/extend-stay.asp)를 참고하십시오.

Q 취업허가레터가 심사 과정에 있는 동안 캐나다에 먼저 입국해도 됩니까?
A 취업허가레터를 한국에서 받고 캐나다에 입국하기를 강력히 권장합니다.

Q 신체검사 서류 접수 후 지원 서류가 최종 합격하기까지 기간이 얼마나 걸립니까?
A 캐나다 대사관은 가능한 2010년 3월 말까지 2010년 상반기 워킹홀리데이 프로그램 심사를 끝내려고 할 것입니다. 개인에 따라 신체검사를 다시 해야 하거나 추가 서류 요청이 있을 시에는 더 늦춰질 수도 있습니다.

❿ a) 지난 2년 사이 자신이나 가족이 결핵을 앓거나 그런 사람과 접촉한 적이 있는가? No
b) 캐나다에 머무는 동안 약물치료 이외의 사회복지 혹은 의료서비스가 필요한 육체적·정신적 장애를 가지고 있는가? No
c) 어떤 나라에서 범법행위로 체포되거나, 갇히거나, 고발된 적이 있는가? No
d) 캐나다 입국이 거절되거나 출국을 강요당한 적이 있는가? No
e) 캐나다 관광 비자를 신청한 적이 있는가? No
f) 캐나다 관광 비자를 거절당한 적이 있는가? No
g) 인권을 침해하는 범죄단체나 범죄행위에 연루된 적이 있는가? No

❼ 예상 근무 시작일 (캐나다 출발 희망일을 기준)
❽ 예상 근무 종료일 (캐나다 출발 희망일로부터 1년 이내의 기간)
❷ 근무 or 재학기간 (~개월, ~년)

PAGE 2 OF/DE 2

11 My present job is (Give your job title and a brief description of your position) ❶ 현재 직업
STUDENT
12 I have held my present job for — Month(s) / Year(s) — 근무기간

13 The name and address of my employer and the type of business are
직장명이나 학교명과 주소

14 The name and address of my prospective employer in Canada are (Attach original offer of employment)
❹ 기재하지 않음
❻ 기재하지 않음

15 My occupation in Canada will be (Give your job title and a brief description of your position)
워킹홀리데이 예상직업
16 My salary will be $ Cdn.

17 I am expected to start my employment on — D-J / M / Y-A — 일/월/년
18 My employment is expected to finish on — D-J / M / Y-A — 일/월/년

19 "X" THE APPROPRIATE BOX

a) Within the past two years, have you or a family member had tuberculosis of the lung or been in close contact with a person with tuberculosis of the lung? ☐ Yes ☒ No
b) Do you or an accompanying family member have any physical or mental disorder for which that person will require social and/or health services, other than medication, during the stay? ☐ Yes ☒ No

Have you or any member of your family ever:

c) Committed, been arrested or charged with any criminal offence in any country? ☐ Yes ☒ No
d) Been refused admission to, or ordered to leave Canada? ☐ Yes ☒ No
e) Applied for any Canadian Immigration visas (e.g. Permanent Resident, Student, Worker, Temporary Resident (visitor), Temporary Resident Permit)? ☐ Yes ☒ No
f) Been refused a visa to travel to Canada? ☐ Yes ☒ No
g) In periods of either peace or war, have you ever been involved in the commission of a war crime or crime against humanity, such as: willful killing, torture, attacks upon, enslavement, starvation or other inhumane acts committed against civilians or prisoners of war; or deportation of civilians? ☐ Yes ☒ No

If you answer "yes" to any of the questions c) to g) above, you must provide details in the box below marked "Related Information".

Related information - Détails

❷⓿ 지난 5년 사이 자신이나 동반 가족 중 외국에서 6개월 이상 체류한 경험이 있는가?

20 During the past five years have you or any family member accompanying you lived in any other country than your country of citizenship or permanent residence for more than six months? ☐ Yes ☒ No

21 If answer to question 20 is "yes" list countries and length of stay

Name / Nom	Country / Pays	Length of stay - From - De	To - À
❷❶ 20번에 Yes로 체크한 경우 국가와 체류기간 작성			

❷❷ 서명, 작성일 (일, 월, 년)

22 I declare that I have answered all required questions in this application fully and truthfully
Signature of applicant — 서명
Date — 작성일

IMM 1295 (05-2005) B

워킹 홀리데이
비자
승인 레터

Government of Canada
Embassy of Canada

Gouvernement du Canada
Ambassade du Canada

Canadian Embassy
C.P.O. Box 6299
Seoul, Korea 100-662
Fax: 82-2-3783-6114
www.korea.gc.ca

YOU MUST SHOW THIS LETTER TO A CANADA BORDERS SERVICES AGENCY (CBSA) OFFICER WHEN YOU FIRST ARRIVE IN CANADA.

Doc No. : U981768771
File No. : W080400991
Date : 20080417

Dear Mr./Mrs, CHO, SEOYEON ,

We are pleased to inform you that your application to work temporarily in Canada has been approved.

The document giving you permission to work will be issued at a Canadian port of entry. The relevant information has been transmitted to Canada so that the appropriate document can be issued to you on your arrival. You may now travel to Canada with your passport or travel document and this letter. Upon arrival at a Canadian port of entry an Immigration Officer will review your request to enter Canada before issuing your work permit. You should also have in hand your offer of employment and proof of funds for your stay in Canada.

Before departing for Canada, please ensure that you have adequate medical and hospital insurance coverage. Details can be obtained from your employer in Canada or an insurance company.

If you wish to remain in Canada beyond the expiry date of your work permit, you must first obtain an extension from a Canada Immigration Officer. You are urged to contact the Canada Immigration Centre at least one month in advance of the expiry date of your permit to determine what documents are required to obtain an extension. You are cautioned not to allow the validity of your permit to lapse as this may adversely effect the possibility of having your status extended.

Please note that this letter in itself is not valid for travel and is not a permit allowing you to remain in Canada. You also require a valid passport or travel document and a temporary resident visa (unless you are visa exempt).

All workers in Canada, including foreign workers, are protected by the relevant labour and employment laws. All workers in Canada are entitled to work in a safe workplace where their health is protected. If an employer does not pay the wages to which a worker is entitled, a worker can file a complaint with the federal, provincial or territorial department responsible for employment standards.

THIS IS A COMPUTER GENERATED FORM. SIGNATURE IS NOT REQUIRED.

KOREMP

Canadä

★ 워킹 홀리데이 비자

비자 신청은 서류를 완벽히 구비한 후에 캐나다 대사관에 접수하는 방식으로 이루어진다. 일반적으로 인터뷰 등의 대면 심사는 요구하지 않지만, 간혹 대사관에서 추가적인 서류나 인터뷰를 우편이나 전화를 통해 요구하기도 한다. 서류 신청 후 발급을 위해 걸리는 시간은 약 2~8주 정도다. 주한 캐나다 대사관에서는 학생 비자 신청 후 8주 내에는 비자 신청에 대한 어떠한 질의도 받지 않으며, 신청 후 8주 이내에 비자를 발급받지 못한 신청자는 8주 이후에 대사관 방문을 통한 창구 문의나 팩스 등의 방법으로 진행상황을 문의할 수 있다.

캐나다 대사관에서 학생 비자 신청자 심사 후 지정된 택배서비스를 통해 각 신청자의 주소로 비자 발급이나 거절 등의 심사 결과를 배달하며, 택배서비스 비용은 각 신청자가 착불로 직접 지급해야 한다. 비자 발급자격 미달, 서류의 불충분, 비자 신청서 작성 시 오류 등 여러 가지 이유로 학생 비자 발급 거절률이 약 5%에 달하는 만큼 유경험자들의 조언이나 비자 전문가와의 상담을 통해 신중하고 정확한 서류를 갖추어 신청한다.

신청자격
캐나다 대사관에서 학생 비자의 신청자격은 따로 제한하지 않는다. 현재 대학에 재학 중인 사람이 학생 비자를 신청할 때 신체검사에 이상이 없는 한 100%에 가까운 발급률을 보이고 있으나, 뚜렷한 직업 없이 오랫동안 무직으로 생활하다가 갑자기 학생 비자를 신청한다든지, 과거 자신의 경력과 전혀 무관한 목적으로 학생 비자를 신청할 때 거절될 확률이 높다. 또한, 현재 신청자 자신이나 배우자, 부모님의 연소득과 잔고증명에서 충분한 재정 지원을 증명하지 못할 때 비자 거절 확률이 높아진다.

> **잔고증명**
> 학교를 신청한 기간의 총 학비와 생활비를 증명한다. 생활비는 한 달에 약 C$1,000 정도로 계산하고, 동반자가 있다면 추가 생활비 월 C$400 정도를 더한다.

> 여권은 적어도 6개월 이상 유효기간이 남아 있어야 한다. 유학허가증은 여권기간 이내에 만료하도록 발급되므로 공부하려는 기간만큼 여권 유효기간이 남아있는 것이 좋다.

구비서류 (미성년자가 아닌 신청자)

1. **여권 사본 또는 여행증명서**: 여권의 최초 두 페이지 및 기한 연장에 관한 기록이 있는 페이지의 사본 제출. 동반 가족도 각각의 여권 사본 또는 여행증명서가 별도로 필요하다. 한국인이 아닐 경우는 여권 원본과 사본(인적사항, 여권기한 및 연장에 관한 기록이 있는 페이지) & 외국인등록증(앞+뒷면)을 반드시 제출한다.
2. **여권용 사진 1매**: 동반 가족이 있을 경우, 각각의 사진 1매씩 별도
3. 완벽히 기재하고 서명한 신청서: 영문 또는 불문으로 작성
4. 완벽히 기재한 개인 경력서(Personal History Form): 18세 생일 이후 현재까지의 모든 내역 기재
5. 비자 수속료 137,500원 납입 영수증 원본
   - 2009년 1월 19일 이후 신청 시 기준금액이며 환율변동 등으로 대사관 공지에 의해 금액이 변동될 수 있음.
   - 수취인은 캐나다 대사관으로 반드시 신청인 이름으로 송금해야 한다. 인터넷뱅킹은 인정되지 않는다.
   - 수취인: 예금주: 캐나다 대사관, 계좌번호: HSBC은행 002-709806-296
6. 신체검사 완료 증명서
   - 지정병원에 전화예약 후 방문검사/ 신체검사 후 확인서 발급까지 약 1주일 소요
   - 준비물: 여권, 여권사진 4매, 신체검사 및 검사결과 발송비용 187,000원 상당
   - 지정병원
     서울 위생병원: 서울 동대문구 휘경동 (02-2210-3511)
     서울 의과학연구소: 서울 종로구 인사동 (02-723-7701)
     서울 신촌 세브란스병원: 서울 서대문구 신촌동 (02-2228-0114)

서울 영동 세브란스병원: 서울 강남구 도곡동(02-2019-2804)
서울 삼성병원: 서울 강남구 일원동(02-3410-0227)
부산 윌레스침례병원: 부산 금정구 남산동(051-580-1313)
7. 입학 허가서: 원본과 사본 각1부
8. 최근 5년간의 모든 활동사항에 관련된 증빙서류: 세무서 소득금액 증명원(인터넷 발급) 및 국민연금 가입이력요약(국민연금관리공단 발급) 위의 두 가지 서류 모두 제출할 수 없는 경우, 사유서와 함께 경력 및 재직증명서와 전/현재 회사로부터 최근 발급된 사업자등록증 사본 & 급여가 입금된 통장 사본 제출
9. 모든 중등 과정 이후(post-secondary)의 졸업증명서 및 성적증명서
10. 유학 계획서: 유학의 동기와 목적, 계획을 구체적으로 서술
11. 재정보증서류: 본인, 부모, 배우자만 재정보증을 할 수 있다. 제3자의 재정보증은 인정되지 않는다.
    - 신청자 및 보증인이 증빙할 재정서류: 사업자등록증 or 재직증명서, 소득금액 증명원(세무서 발급된 최소한 최근3년간의 내역), 은행 계좌, 증권 계좌 및 저축성 보험 계좌 등의 잔액 증명원, 보증인의 가족관계 증명서, 재정서류
12. 가족관계증명서, 신청자 본인 / 혼인관계증명서, 신청자 본인
13. 기혼자 및 자녀가 있는 경우: 캐나다 동반 여부와 관계없이 신청서 상의 배우자와 자녀란에 동반여부를 포함한 모든 인적사항을 기재한다(배우자가 동반하는 경우 배우자의 가족관계증명서 제출). 캐나다에서 공부/일을 할 계획이 있는 동반가족은 별도의 신청서와 수속료를 제출해야 한다. (미성년 자녀가 동반하는 경우 각 자녀의 기본증명서 제출)
14. 택배 신청서
15. 유학허가증 체크리스트

퀘벡 주로 가는 경우
퀘벡 주의 교육기관에서 6개월 이상 공부하는 경우, Ministere des communautes culturelles et de l' Immigration du Quebec(퀘벡주 이민국)에서 발급하는 CAQ(Certificat d' acceptation du Quebec, 퀘벡 주 허가서)를 받아야 한다. 취업/유학허가증을 갖고 있는 신청하는 부모를 따라 신청하는 18살 미만의 자녀들은, 유학/취업허가증을 갖고 있는 부모와 함께 퀘벡 주에 있는 것이 아니라면 모두 CAQ가 필요하다. CAQ에 관해서는 입학할 교육기관을 통해 신청안내를 받아야 하며 CAQ는 반드시 신청서에 첨부해 제출해야 한다. CAQ가 첨부되지 않은 신청서는 거절될 수 있다.

학생 비자 기간
일반적으로 입학허가서에 기록된 교육기관의 등록기간보다 약 한 달 정도 여유롭게 체류기간을 부여한다. (예: 교육기관 등록 6개월일 경우 - 약 7개월 체류, 교육기관 등록 12개월일 경우 - 약 13개월 체류)

비자 기간

대사관을 통해 발급받는 학생 비자 승인 레터에 비자 체류기간은 표기되어 있지 않다. 정확한 비자허가기간은 신청자가 대사관에서 받은 승인 레터와 교육기관 입학허가서, 캐나다 숙박정보 등을 소지하고 캐나다로 입국할 때 입국심사를 통해 부여받는다.

학생 비자 승인 레터

Government of Canada / Embassy of Canada
Gouvernement du Canada / Ambassade du Canada

[embassy] 대사관

Canadian Embassy
Immigration Section
C.P.O. Box 6299
Seoul, Korea 100-662
Fax: 82-2-3783-6114
www.korea.gc.ca

YOU MUST SHOW THIS LETTER TO A CANADA BORDERS SERVICES AGENCY OFFICER WHEN YOU FIRST ARRIVE IN CANADA.

Doc No.: F998892998
File No.: S071000523
Date : 20080601

Dear Mr./Ms. HONG, KI JEONG

We are pleased to inform you that your application to study in Canada has been approved. You may now travel to Canada. You must have a valid passport or travel document. Please show this letter to a Canada Border Services Agency (CBSA) officer. He or she will direct you to Immigration secondary. Immigration will ensure that you meet the requirements for admission to Canada and issue you/your study permit. We would like to take this opportunity to wish you good luck with your studies in Canada.

Immigration Section
Canadian Embassy, Seoul

N.B. (1) THIS LETTER IS VALID WITHOUT A SIGNATURE.
(2) THIS LETTER IS NOT VALID FOR TRAVEL AND IS NOT A PERMIT ALLOWING YOU TO REMAIN IN CANADA.
(3) IF YOU WISH TO CHANGE SCHOOLS OR STUDY PROGRAMS, YOU MAY NEED A NEAREST CANADA IMMIGRATION CENTRE.

KORSTU

Canada

004 비자 연장하기

방문 비자

처음 입국 시 6개월 미만의 체류기간을 허가받고 나서 방문 비자 연장을 통해 추가로 3~6개월 정도 체류(총 9~12개월)가 가능하다. 방문 비자의 연장은 비자가 만료되기 약 10주 전에 준비하는 것이 좋으며, 연장신청 패키지를 각 도시에 있는 이민국 사무실(Immigration office)에서 지급받은 후 완벽히 작성해서 필요한 서류와 함께 우편으로 신청한다. 비자 연장신청 패키지를 보낼 곳의 정확한 주소와 연장신청을 위한 준비 서류 등은 이민국에서 받은 연장신청 패키지에 자세히 기재되어 있으니, 정확한 신청서 작성과 완벽한 서류 준비로 빈틈없이 준비한다. 방문 비자 연장을 위해서는 C$75의 방문 비자 연장 수수료가 필요하다.

우편으로 비자 연장을 신청하는 경우 될 수 있으면 일반우편보다는 신청 증거가 남도록 Registered mail(등기)이나 시간이 촉박한 경우 Express(속달)로 신청하는 것이 좋고, 우편 발송 후엔 반드시 우편 신청 영수증을 보관한다. 간혹 비자기간이 만료되는 날까지 연장 통보를 못 받는 경우가 있는데, 비자 연장을 신청했다는 증거로 우편 영수증이 있으면 비자기간이 만료되더라도 이민국으로부터 연장신청에 대한 연락을 받을 때까지 합법적인 체류가 가능하다. 비자 연장 통보는 신청서에 기재한 주소로 우편으로 배달받는다. 단기 여행자나 어학연수 학생들은 갑자기 주소가 바뀔 수도 있으므로 연장신청 시 받을 곳의 주소를 신중하게 기재한다. 연장 허가는 이민국 편지 형식으로 받게 되며 이 편지에 체류 허가된 기간이 표시된다.

구비서류
- 완벽하게 작성한 방문 비자 연장신청서
- 체크리스트 (Document Check List)
- 방문 비자 연장 수수료 C$75 납부 영수증 (캐나다 은행에 내며 영수증 원본 첨부)
- 여권 복사본 (사진과 여권번호 나온 면, 캐나다 입국 시 이민국 심사에서 받은 도장 찍힌 면, 그 외 특이 사항이 기록된 면)
- 방문 비자 복사본 (캐나다 입국 시 이민국 심사에서 비자 종이를 받은 경우만 제출)
- 돌아가는 항공권 복사본
- 영문 은행 잔고증명서 (희망 체류기간 1개월당 약 C$1,000 정도. 만약 3개월 연장을 희망하면 약 C$3,000 정도의 잔고증명)

방문 비자 연장신청을 통해 캐나다 체류가 총 6개월이 넘는 사람은 비자 연장 시에 허가된 이민국 편지와 별도로 또 다른 우편을 통해 신체검사 요구 통지를 받게 된다. 캐나다에서 6개월을 초과해 체류하는 외국인은 무조건 받아야 하며 통지서에 나오는 병원 리스트 중 가까운 곳에서 가능한 빨리 신체검사를 받으면 된다. 신체검사는 혈액검사, 엑스레이, 청각 등의 간단한 검사들로, 약 C$230 정도 비용이 소요된다. 신체검사를 받지 않으면 당시 캐나다 체류 시에는 크게 문제가 안 될 수 있어도, 이후 캐나다 재방문이나 타 비자 신청 시에 큰 불이익을 당할 수 있으니 꼭 신체검사를 받도록 한다.

학생 비자

학생 비자는 캐나다 내에서 우편으로 연장신청이 이루어진다. 보통 비자기간이 만료되기 약 8주 전부터 준비하며, 연장에는 C$125의 수수료가 든다. 신청을 위해서는 각 도시에 있는 이민국 사무실(Immigration office)에서 학생 비자 연장을 위한 패키지(Application to change conditions, extend my stay, or remain in Canada)를 수취한 후 신청서를 완벽히 작성해서 필요 서류들과 함께 우편으로 신청하면된다.

비자 연장신청 패키지를 보낼 곳의 주소와 구비서류 등 연장에 필요한 자세한 정보는 패키지에 잘 기재되어 있다. 우편으로 신청하는 비자 연장신청은 가능한 일반우편보다는 증거를 남기도록 Registered mail(등기)나 시간이 촉박한 경우 Express로 신청하는 것이 좋다. 우편 발송 후 반드시 우편 신청 영수증을 보관하자. 간혹 비자 기간이 만료되는 날까지 연장 통보를 받지 못하는 때도 있는데, 비자 연장신청을 했다는 증거로 우편 영수증만 있으면 비자기간이 만료되었더라도 이민국으로부터 연장신청에 대한 연락을 받을 때까지는 합법적인 체류가 가능하다. 비자 연장 통보는 약 4주 후 신청서에 기재한 주소로 우편으로 배달된다. 연장 허가는 초기 발급된 비자와 같은 형식의 편지를 받게 되며, 이 편지에 체류기간이 표시되어 있다.

구비서류

- 완벽하게 작성한 학생 비자 연장신청서
- 체크리스트 (Document Check List)
- 학생 비자 연장 수수료 C$125 납부 영수증 (캐나다 은행에 내며 영수증 원본 첨부)
- 여권 복사본 (사진과 여권번호 나온 면, 캐나다 입국 시 이민국 심사에서 받은 도장 찍힌 면, 그 외 특이 사항이 기록된 면)
- 학생 비자 복사본 (캐나다 입국 시 부여받은 학생 비자 복사)
- 교육기관 입학허가서 (연장된 기간에 재학할 교육기관에서 발급)
- 이전 재학한 교육기관 성적/출석 증명서 (재학한 교육기관에서 발급)
- 영문 은행 잔고증명서 (희망 체류기간 1개월당 약 C$1,000 정도. 만약 3개월 연장을 희망하면 약 C$3,000 정도의 잔고증명)

005 지역 선택하기

Canada

캐나다는 광활한 넓이만큼이나 지역별로도 많은 차이를 보인다. 아름다운 여성미의 서부 캐나다와 웅장한 규모의 동부 캐나다를 함께 경험한다든지, 완벽한 영어도시에서 연수 후에 불어가 공용어인, 하지만 아이러니하게 영어연수에 더 많은 장점을 지닌 몬트리올을 체험해보는 것도 일생에 한 번뿐인 캐나다 유학과 여행을 알차게 보내는 방법일 것이다. 현재 대부분 영어교육기관은 학생들이 주로 찾는 BC 주의 밴쿠버와 온타리오 주의 토론토 주변에 집중되어 있다. 그리고 앨버타 주의 캘거리, BC 주의 빅토리아, 퀘벡 주의 몬트리올, 매니토바 주의 위니펙 주변을 중심으로 새로운 국제학생 어학연수 문화가 형성되고 있다. 지역의 특성상 각 지역의 장단점들이 있기 때문에 지역을 선택할 때는 먼저 연수를 다녀온 주위 친구들의 경험이나 전문가의 조언 등 많은 정보를 알아보는 것이 좋다.

홈스테이 생활 1개월 예상경비

	밴쿠버	토론토	빅토리아	캘거리
학비	C$800-1,250	C$800-1,250	C$800-1,250	C$700-1,100
홈스테이	C$700-800	C$700-800	C$700-750	C$600-700
교통비	C$73-136	C$109	C$60	C$75
용돈/잡비	C$200-300	C$200-300	C$200-250	C$200-250
총 경비	C$1,773-2,486	C$1,809-2,459	C$1,760-2,310	C$1,575-2,125

	에드먼턴	위니펙	몬트리올
학비	C$700-1,100	C$700-1,100	C$800-1,150
홈스테이	C$600-700	C$600-700	C$700-750
교통비	C$60	C$60	C$65
용돈/잡비	C$200-250	C$200-250	C$200-300
총 경비	C$1,560-2,110	C$1,560-2,110	C$1,765-2,265

아파트 생활 1개월 예상경비

렌트비, 식비, 전화/전기/TV/인터넷 비용은 두 명이 함께 살 때 1인 기준

	밴쿠버	토론토	빅토리아	캘거리
학비	C$800-1,250	C$800-1,250	C$800-1,250	C$700-1,100
렌트비	C$350-450	C$350-450	C$300-350	C$300-350
전화/전기/TV/인터넷	C$40-60	C$40-60	C$40-60	C$30-50
식비	C$200	C$200	C$200	C$200
교통비	C$10-73	C$10-109	C$10-60	C$10-75
용돈/잡비	C$250-350	C$250-350	C$250-350	C$250-300
총 경비	C$1,650-2,383	C$1,650-2,419	C$1,600-2,270	C$1,490-2,075

	에드먼턴	위니펙	몬트리올
학비	C$700-1,100	C$700-1,100	C$800-1,250
렌트비	C$300-350	C$300-350	C$300-400
전화/전기/TV/인터넷	C$30-50	C$30-50	C$30-50
식비	C$200	C$200	C$200
교통비	C$10-60	C$10-60	C$10-65
용돈/잡비	C$250-300	C$250-300	C$250-350
총 경비	C$1,490-2,060	C$1,490-2,060	C$1,590-2,315

밴쿠버 Vancouver

따뜻한 북미 서부연안의 대표적인 도시 밴쿠버는 겨울에도 영상 기온을 유지하며, 해마다 세계에서 가장 살기 좋은 도시 중 최상위권에 선정되는 아름답고 여유로운 도시이다. 밴쿠버를 포함하여 버나비, 서리, 코퀴틀람 등 인근의 위성지역들과 함께 그레이터 밴쿠버(Greater Vancouver)를 이루어, 캐나다의 3대 도시권을 형성한다. 따뜻한 날씨와 함께 다양한 영어연수기관이 많아 학생들이 가장 많이 찾는 도시 중 한 곳으로 꼽힌다. 2010년 제21회 동계올림픽이 개최된다.
[평균기온: 1월 3.6° / 7월 16.9°]

빅토리아 Victoria

BC 주의 주도인 빅토리아는 밴쿠버와 함께 캐나다 서부연안의 대표적인 관광도시다. 고전적인 분위기와 전통이 잘 보존된 아름다운 도시로, 온화한 날씨 덕분에 꽃과 관련된 많은 행사가 개최되어 정원의 도시라는 별칭까지 얻었다. 캐나다에서도 손꼽히는 자연환경과 겨울철 따뜻한 날씨로 많은 학생이 선호한다. 밴쿠버와는 자동차와 페리로 약 2시간 정도 거리며, 학생들에게 필요한 주변시설들이 잘 갖추어져 있다.
[평균기온: 1월 4.4° / 7월 14°]

휘슬러 Whistler

북미 최고의 스키장으로 유명한 휘슬러는 밴쿠버에서 버스로 약 2시간 거리에 있다. 1989년 휘슬러 산마루에 건설된 Chateau Whistler를 시작으로 관광객을 위한 Whistler Village가 형성되어 현재의 아름다운 휴양도시로 발전했다. 아기자기한 건축물들은 마치 동화 속의 한 장면을 연상시키며, 아름다운 자연 덕분에 여름철에도 많은 관광객이 휘슬러를 찾고 있다. 겨울철에는 평균 영하 -5도 정도를 기록하며, 2010년 밴쿠버 동계올림픽의 대부분 주요경기가 휘슬러에서 진행될 예정이다.
[평균기온: 1월 -3° / 7월 15.9°]

밴프 Banff

캘거리에서 서쪽으로 약 1시간 정도 거리에 있는 밴프는 로키산맥의 도시로 잘 알려져 있다. 로키산맥의 우람한 전경을 병풍처럼 두르고 있으며, 아름다운 경관을 보고자 항상 수많은 여행자로 북적거린다. 약 6,600km^2에 달하는 밴프 국립공원은 여름에는 산악레포츠와 삼림욕, 겨울에는 스키와 스노보드 등 산악지대를 이용한 다양한 레포츠가 발달했다. 주변 높은 산맥들의 영향으로 겨울에는 영하 10~25도에 이르는 추운 날씨가 지속된다.
[평균기온: 1월 -9.3° / 7월 14.6°]

캘거리 Calgary

1988년 동계올림픽으로 유명한 캘거리는 캐나다 석유매장량 대부분을 가진 앨버타 주 제1의 도시다. 최근 캐나다의 도시 중 가장 빠른 속도로 발전하고 있는 곳으로 앨버타 주의 풍부한 재정으로 약 7%에 해당하는 주정부세가 면제된다. 서쪽으로는 로키산맥과 동쪽으로는 중부 대평원을 곁에 두고 있으며, 서부 캐나다의 개척시대 전통을 잘 간직하고 있다. 1년 내내 서늘한 기후로 눈이 많이 오고, 특히 로키산맥 주변 산악지역은 만년설로 덮여 있다.
[평균기온: 1월 -8.9° / 7월 16.2°]

에드먼턴 Edmonton

에드먼턴은 1905년 앨버타가 캐나다의 정식 주로 승격된 후 주도로 지정되어 앨버타 행정의 중심도시로 그 면모를 유지해오고 있다. 캐나다에서 단일도시 면적으로는 두 번째로 큰 도시이며 넓은 면적에 걸맞게 세계에서 가장 큰 쇼핑센터인 West Edmonton Mall(800여 개의 상점, 19개의 극장, 워터파크, 스케이트장, 놀이기구 등)이 위치한 도시이기도 하다. 에드먼턴의 빅밀러 악단은 재즈광이라면 누구나 한 번쯤 그들의 공연을 보고 싶어하는 세계적으로 유명한 재즈 악단이다. 인근의 로키산맥의 영향으로 겨울철에는 추운 날씨가 지속되지만 건물과 건물을 연결하는 다양한 실내통로로 겨울철에도 추위를 피해 다양한 경험을 할 수 있다.
[평균기온: 1월 -11.7° / 7월 17.5°]

리자이나 Regina

끝없이 펼쳐지는 대평원의 도시 리자이나는 새스커툰 주의 주도로 도시를 가로지르는 와스카나 호수가 있어 호수의 도시라 불리기도 한다. 시속 100km의 속도로 한 시간 동안 한 번도 핸들을 꺾지 않고 달릴 수 있는 거리가 있을 정도로 거대한 리자이나 지역의 대평원에서는 한국에서 느끼지 못한 이색적인 새로운 경험들을 할 수 있다. 리자이나는 캐나다 낙농업의 요충도시이며 캐나다의 상징인 RCMP(왕립 기마경찰대)의 본거지이기도 하다. 주위에 찬 바람을 막을 산들이 없기 때문에 겨울에 매우 춥다.
[평균기온: 1월 -15.8° / 7월 19°]

토론토 Toronto

1615년 유럽의 탐험가에 의해 처음 발견된 토론토는 캐나다에서 가장 많은 관광객이 찾는 도시로 캐나다 금융과 비즈니스의 중심이다. 북미의 다양한 도시문화를 체험할 수 있고, 뉴욕과 시카고 등 미국 동부의 대도시와 인접해 미국 관광에도 유리하다. 토론토는 요크(York) 스카버러(Scarborough) 등과 함께 메트로폴리탄 토론토(Metropolitan Toronto)를 이루며, 약 70여 민족이 공존하는 다문화 도시다. 토론토의 겨울은 체감온도 -10도 이하로 한국보다 훨씬 추운 편이다.
[평균기온: 1월 -4.2° / 7월 22.2°]

핼리팩스 Halifax

대서양 연안의 거대한 천연항구인 핼리팩스는 동부 캐나다 최고의 미항으로 손꼽히는 아름다운 도시다. 노바스코샤 주의 주도이며 1995년 G7 정상회담으로 더 유명해졌다. '배로 된 나무와 철로 된 사람'이라는 노바스코샤 주의 트레이드마크가 보여주듯, 세계적으로 유명한 핼리팩스 바닷가재와 풍부한 해산물은 이 지역의 주 산업인 해양산업을 대표한다. 이 지역 특유의 현악기로 연주되는 경쾌한 곡과 잘 어우러지는 자유스러운 Pub 문화도 핼리팩스를 낭만의 도시로 만드는 데 한몫을 하고 있다. 그리 크지 않은 아담한 크기의 다운타운은 별도의 교통수단 없이 걸어서 반나절 도시 관광을 즐기기에 적합하다.
[평균기온: 1월 -4.4° / 7월 18.6°]

오타와 Ottawa

캐나다의 수도인 오타와는 캐나다 연방정부의 결정적인 역할을 담당하고 있는 정치와 행정의 도시다. 1832년 리도 운하의 완공으로 개발되기 시작했으며 1859년 미국과의 전쟁으로 통합된 영국계 캐나다인과 프랑스계 캐나다인은 그들의 근거지 중간 지점인 오타와를 캐나다의 수도로 결정하게 되었다. 아름다운 공원과 6개의 국립박물관, 3개의 대학, 갤러리 등 독특한 캐나다의 역사와 전통이 곳곳에 숨어있다. 5월에 열리는 오타와 튤립 축제는 전 세계 원예가들이 만든 찬란한 색색의 튤립을 감상할 수 있는 놓칠 수 없는 관광코스이기도 하다.
[평균기온: 1월 -10.5° / 7월 21°]

위니펙 Winnipeg

유명한 애니메이션 Pooh의 고향이기도 한 위니펙은 동부 캐나다와 서부 캐나다를 나누는 경계에 있는 매니토바 주의 주도이다. 캐나다의 중앙에 있는 지리적인 이유로 영국식 문화와 동부의 프랑스계 문화가 잘 조화되어 있으며, 여기에 세계각지 약 40여 개의 민족문화가 함께 어우러져 다민족문화를 형성하고 있다. 위니펙은 '윈터펙'이라 불릴 정도로 겨울이 가장 추운 도시이기도 하다.
[평균기온: 1월 -17.8° / 7월 19.5°]

몬트리올 Montreal

몬트리올은 캐나다의 불어권 지역인 퀘벡 주에 있는 캐나다에서 두 번째로 큰 국제도시다. 영어와 불어가 공존하는 도시로 불어 사용률이 영어보다 높은 편이지만, 한국학생의 비율이 낮아 아이러니하게도 타 도시보다 오히려 영어활용의 기회가 더 많다. 북미의 파리라 불리는 유럽풍의 아름다운 도시 몬트리올은 중세의 분위기를 흠뻑 느낄 수 있는 구시가지와 현대적인 고층건물의 신시가지가 멋진 조화를 이루고 있다. 겨울철에는 최저 영하 15~20도로 추운 날씨지만, 대체로 건조해서 체감온도는 덜한 편이다.
[평균기온: 1월 -8.9° / 7월 22.3°]

퀘벡 Quebec

캐나다의 프랑스로 알려진 퀘벡시티는 캐나다에서 가장 오래된 도시이자 북미 대륙에서 유일한 성곽도시다. 과거 영국의 지배 아래에 있었음에도 주민의 90% 이상이 불어를 사용하며 아름다운 자연과 함께 프랑스의 문화와 역사가 살아숨쉬는 곳이다. 퀘벡시티는 절벽 위의 Upper Town과 아래의 Lower Town으로 이루어져 있으며 다시 구시가지와 신시가지로 구분된다. 구시가지는 마치 중세 유럽 도시처럼 고풍스럽고 아기자기한 매력을 가지고 있다.
[평균기온: 1월 -12.8° / 7월 19.2°]

기타 도시

위에 언급된 도시 외에도 캠루푸스(Kamloops), 킬로나(Kelowna), 새스커툰(Saskatoon) 등의 중소 도시들이 있다. 캐나다의 모든 지역은 사투리가 거의 없고 표준어를 사용하므로 어떤 지역이든 영어공부에 지장이 없다. 간혹 지역선정 시 '물가도 싸고, 날씨도 따뜻하고, 한국인도 적고' 등 너무 많은 욕심(?)을 내는 사람들이 있다. 하지만 모든 도시들은 각각 장단점이 있어 완벽한 도시를 찾기란 거의 불가능하다. 자신이 가장 중요하다고 생각하는 한두 가지에 중점을 두어(예를 들어 기후, 물가, 한인비율, 일자리 등) 지역을 선택하는 것이 좋다.

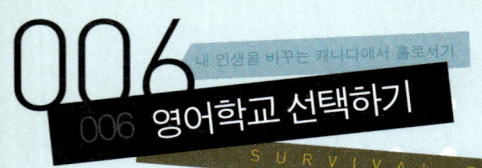

006 영어학교 선택하기

────── 대형사설어학교 ──────

PLI 밴쿠버, 토론토

캐나다 영어학교 중에서 명문 중의 명문으로 잘 알려진 PLI는, 워싱턴 포스트 사의 자회사로 세계적인 어학재단인 Kaplan에서 운영한다. 탄탄하고 체계적인 프로그램으로 열심히 공부하고 싶은 학생들에게 적극적으로 추천할 만한 학교. 선생님과 학생들의 효과적인 상호작용으로 수업효과를 극대화하는 PLI만의 독특하고 우수한 Path to Proficiency System으로 높은 만족도를 얻고 있다. 국가별 25% 이하의 쿼터제를 엄격히 지키고 있으며, 집중 영어(10레벨), 비즈니스 영어(2개월 디플로마 과정), 케임브리지 시험, 인턴십, 대학진학 등 다양한 프로그램을 제공한다.
http://www.pli.ca/

ILSC 밴쿠버, 토론토, 몬트리올

캐나다의 대표적인 대형 영어학교인 ILSC는 학생의 실력과 필요에 따라 선택할 수 있는 다양한 코스와 함께 고급영어를 위한 각 분야의 전문화된 프로그램으로 높은 만족도를 얻고 있다. 부설로 운영되는 Greystone College에서는 국제학생과 캐나다 현지인들에게 단기 전문 직업교육을 제공하고 있다. 20개 이상의 비즈니스 수업을 통해 Business Communication Certificate, Business Management Certificate, JOBS Certificate 등을 수여받을 수 있으며, 캐나다에서 가장 높은 수준의 단기 TESOL 프로그램을 제공하는 곳으로 잘 알려져 있다.
http://www.ilsc.ca/

LSC 밴쿠버, 캘거리, 토론토, 몬트리올

45년 이상 오랜 전통을 가진 명문 영어학교로, 다른 학교에 비해 유럽과 남미학생 비율이 높은 편이다. 방과 후 다양한 야외 활동으로 학생들에게 인기가 높고, 55분씩 진행되는 5시간의 수업에는 학생들이 자신에게 필요한 과목을 선택할 수 있다. 10개 레벨의 General English와 Business English Certificate, International Business English, IELTS, TOEFL, TOEIC 등 다양한 수업 중에서도, 특히 수준 높은 케임브리지 시험준비반이 유명하다. 몬트리올 캠퍼스에서는 불어도 배울 수 있다.
http://www.lsc-canada.com/

GV 밴쿠버, 빅토리아, 캘거리, 토론토

국적별로 학생 수를 제한하는 쿼터제를 잘 지키고 있으며, 다양한 나라의 학생들과 자연스러운 교류를 통해 영어를 배울 수 있다. 유럽과 남미학생의 비율이 높은 편이고, 밴쿠버 캠퍼스는 학생들의 영어레벨에 따라 게스타운 캠퍼스와 예일타운 캠퍼스로 나눠서 배치한다. 빅토리아

캠퍼스에서 제공하는 유급 인턴십 프로그램이 특히 인기가 많고, 토론토 캠퍼스에는 토론토의 유명대학인 Humber College와 연계프로그램이 있다.
http://www.gvenglish.com/

PGIC 밴쿠버, 빅토리아, 토론토

캐나다 영어학교 중 가장 한국학생과 잘 어울리는 엄격한 수업으로 유명하다. English Only 정책이 엄격히 지켜지고 있으며, 학생들이 시간당 소화해내야 하는 수업량이 다른 학교에 비해 높은 편이다. 정규수업은 오전 9시부터 오후 3시 40분까지 풀타임으로 진행되며, 방과 후에도 다양한 무료수업이 진행된다. 방과 후 무료수업 중 Canadian Conversation Club이라는 소규모 회화수업이 특히 인기가 많다. ETS 토익 공식지정센터로 PGIC 학생은 매달 무료로 TOEIC 시험을 볼 수 있다.
http://www.pacificgateway.net/

KGIC 밴쿠버, 서리, 빅토리아, 토론토

특정 분야의 단기 디플로마 과정이 다양한 학교로 특히 TESOL 과정이 세분화된 것으로 유명하다. 최근 KGIC는 전문 TESOL 기관인 Canada TESOL Center를 열어 보다 전문화된 과정(TESOL for Children, TESOL for Junior, TESOL, School Management)을 제공한다. Business English, TOEFL, PMM(Power Speaking & Modern Media), ITDP(통번역) 등의 프로그램이 인기가 많고, 학생들을 위해 저렴하고 안전한 자체 기숙사를 운영하고 있다.
http://www.kgic.ca/

ILAC 밴쿠버, 토론토

ILAC는 캐나다에서 가장 세분화된 18개의 레벨을 갖추고 있어 학생들이 보다 자신에게 알맞은 레벨에서 효과적인 학습활동을 수행할 수 있다. 특히 유럽과 남미학생의 비율이 높아 학교는 항상 밝고 활동적인 분위기며, 방과 후 진행되는 잘 정비된 과외활동에 대한 학생들의 반응 역시 뜨겁다. ILAC는 대학준비 과정이 가장 탄탄한 학교 중 한 곳으로 University Pathway Program을 수료하는 경우, George Brown College, Seneca College 등 캐나다 유명 대학에 입학 시, 영어시험이 면제된다.
http://www.ilac.com/

---중소규모사설어학교---

Tamwood 밴쿠버, 휘슬러

총 학생 수가 70~150명인 중소규모 학교로, 가족적인 분위기와 낮은 한국학생 비율이 장점인 곳이다. 유럽학생의 비율이 높고, 케임브리지 시험준비반과 유급 인턴십 프로그램이 특히 인기 있다. 2010년 동계올림픽이 열리는 휘슬러에도 캠퍼스가 있으며, 스키&스노보드 강사 자격증 취득과정 등 동계스포츠와 연계된 프로그램들도 제공한다.
http://www.tamwood.com/

PPC 밴쿠버

한 반 인원수가 8~10명 정도로 소규모 클래스를 운영하여 선생님과 학생들 간의 유대관계가 좋은 학교다. 가족적인 학교 분위기와 세심하고 친절한 학생서비스로 등록기간 연장률이 높고, TOEFL과 단기 TESOL 과정이 아주 좋은 반응을 얻고 있다.

http://www.ppcollege.com/

Eurocentres 밴쿠버, 토론토

한국인 비율이 낮은 것이 장점으로, 잘 꾸며진 깔끔한 분위기에 다양한 국적의 학생들이 공부하고 있다. 학비는 조금 비싼 편이지만 학생과 선생님의 정기적인 1:1 미팅으로 학습관리가 잘 되며, 영어의 모든 영역을 고르게 향상시키는 교육으로 높은 인기를 얻고 있다.
http://www.languagecanada.com/

ZONI Language Centres 밴쿠버

한 반이 정원 8명 정도의 소규모 학급으로 운영되어 보다 효과적인 학습효과를 기대할 수 있다. 저렴한 학비와 낮은 한국학생 비율이 장점이다. 뉴욕과 뉴저지, 플로리다 등 미국에도 영어학교를 운영해서 캐나다와 미국 간 이동이 가능하다.
http://www.zoni.com/

Omnicom 토론토, 캘거리

중소규모 영어학교 중 꽤 전통이 깊은 곳으로, 프로그램이 많아 일반영어뿐만 아니라 Business, TESOL, TOEIC, TOEFL 등 다양한 수업을 들을 수 있다. 캘거리 캠퍼스는 학교 건물 안에 있는 휘트니스 시설을 무료로 이용할 수 있다. 남미학생 비율이 높고, 학비가 저렴한 편이다.
http://www.omnicomstudy.com/

ESC 토론토

캐나다의 유명 대학들로 진학하는 College Transfer Program(CTP)이 유명하다. CTP 프로그램을 통해 TOEFL 성적 없이 George Brown College, Seneca College, Humber College, Centenial College 등의 대학에 입학할 수 있다. 보건학 관련 프로그램인 English for Health Care Professionals 과정도 제공해 영어와 함께 관련분야의 전문지식을 쌓을 수 있다.
http://www.esc-toronto.com/

ALI 몬트리올

영어, 불어 2개 국어를 사용하는 몬트리올의 특성상 영어를 배우려고 온 퀘벡 주의 캐나다 학생들과 함께 공부할 수 있다. 불어 수업도 들을 수 있으며 4주와 8주 TESL 프로그램도 있다.
http://www.studymontreal.com

University of Victoria 빅토리아 (UVIC)

아름다운 꽃의 도시 빅토리아에 있는 UVIC 부설어학교는 체계적인 영어 프로그램으로 대학부설 기관 중 아주 높은 만족도를 보이는 곳이다. 1년에 3번 개강하는 (1월, 4월, 9월) 12주 Intensive English Program인 ELPI 프로그램은 특히 인기 있어 조기에 마감되기도 한다.
http://www.uvcs.uvic.ca/elc/

ILI 핼리팩스

핼리팩스에 있는 학교로 한 반 정원이 8명을 넘지 않고, 실생활에 필요한 영어를 효과적으로 구사하는 데 초점을 맞추고 있다. 가족적인 학교 분위기로 각국으로부터 연수 온 국제학생들과 자연스런 대화가 가능해 친구를 사귀기 좋다.
http://www.ili.ca/

Camosun College 빅토리아

아름다운 도시 빅토리아에 있는 Camosun College 부설어학교는 Basic English, English for Academic Purposes, English for Work 과정을 제공하며, 대학준비과정인 English for Academic Purposes를 성공적으로 이수하면 Camosun College의 본 과정을 TOEFL 점수 없이 수강할 수 있다.

http://camosun.ca/

--- 대 학 부 설 어 학 교 ---

University of British Columbia 밴쿠버 (UBC)

넓고 아름다운 캠퍼스를 자랑하는 캐나다 명문대학교 UBC의 부설어학교로 체계적인 문법 중심의 수업을 원하는 학생들에게 알맞다. Intensive English Program은 2009년까지 12주 프로그램으로 진행되고 2010년부터는 1년에 3번 16주 프로그램으로 제공된다. English For Business Communication과 English for English Teachers 프로그램도 있다.
http://www.eli.ubc.ca/

Mount Royal College 캘거리 (MRC)

캘거리에 있는 Community College로 ESL 4단계를 마치면 EAP(English for Academic Purpose) 또는 EAC(English for Advance Communication)를 들을 수 있다. ESL은 1년에 4번(1월, 4월, 7월, 9월) 개강한다. 단, 7월에 시작하는 여름 프로그램은 4월 학기를 수강했던 학생들만 들을 수 있다. TESOL 과정이 학생들에게 특히 인기 있고 다른 부설어학교보다 학비와 기숙사가 저렴한 편이다.
http://international.mtroyal.ca/

Humber College 토론토

여름 시즌을 제외하고는 타 대학부설에 비해 한 반의 인원수가 가장 적은 편이고, 토론토 인근의 대학부설 중 한국학생 비율이 상대적으로 가장 낮다. 문법과 회화 수업이 적절히 조합된 체계적이고 탄탄한 과정을 제공한다. 다른 학교에 비해 과제가 많고 단기간에 집중적으로 성취도를 높이고 싶은 학생들에게 적합하다.
http://liberalarts.humber.ca/elc/introduction.htm

Concordia University 몬트리올

대학에 진학하려는 학생들을 위해 총 8개 레벨로 구성된 영어 프로그램을 제공하고 있다. 마지막 단계에 해당하는 Advanced Level 2 과정을 70% 이상의 성적으로 마친 학생은 대학 입학에서 TOEFL 점수를 제출하지 않아도 된다. 체계적으로 잘 짜진 프로그램으로 학생들의 반응이 좋다.
http://doe.concordia.ca/ESL/

University of Toronto 토론토 (U of T)

토론토에 있는 캐나다 명문대학으로 부설어학교에서는 Academic English(10~12주), Comprehensive English(5~6주), Speaking English(3주), Speaking English Plus(7주) 등의 과정이 제공된다. 수업시간이 짧고 학비가 비싼 편이지만 체계적인 수업과 명문대학이라는 이유로 많은 학생이 찾는다.
http://learn.utoronto.ca/Page60.aspx

Algonquin College 오타와

캐나다의 수도 오타와에 있는 Algonquin College는 벨 캐나다, 코렐 등 세계의 유수 기업과 파트너를 맺고 있다. 영어학교에서 제공하는 ESL 과정은 총 7개의 레벨로 각 레벨은 8주 기간으로 구성된다. 성공적으로 ESL 과정을 이수한 학생은 Algonquin College의 본 과정에 TOEFL 점수 없이 입학할 수 있다.
http://www.algonquincollege.com/languages/esl.htm

York University 토론토

토론토에 위치한, 캐나다에서 3번째로 큰 대학으로 인문학, 법학, 경영학이 유명하다. ESL 과정은 주당 20시간, 풀타임으로 제공되며 7개의 레벨로 이루어져 있다. 1세션은 8주 과정으로 이루어져 있으며 학교 기숙사 신청도 가능하다.
http://yueli.yorku.ca

007 항공권 예약하기

내 인생을 바꾸는 캐나다에서 홀로서기

SURVIVAL ENGLISH

Canada

캐나다까지 비행시간은 인천-밴쿠버 약 10시간, 인천-토론토 약 13시간 정도 소요된다. 캐나다의 주요 국제공항은 밴쿠버와 토론토 공항으로 미국에서의 노선을 비롯해 몇 개의 특별노선을 제외한 모든 국제항공기가 밴쿠버와 토론토로 들어간다. 그래서 타 도시가 목적지인 사람은 밴쿠버나 토론토 공항에서 캐나다 국내선 항공기로 갈아타야 한다. 항공요금은 시즌별, 항공사별, 좌석종류별(일반, 학생, 3개월 미만, 6개월 미만)로 많은 차이를 보인다. 캐나다까지의 비행은 장거리 구간인 만큼 이후에 이용할 수 있는 마일리지를 무시할 수 없다. 가격, 조건, 마일리지 혜택 등을 잘 따져보고 가장 효과적인 항공을 선택하자.

직항노선

인천에서 캐나다 내 직항노선이 운행 중인 도시는 밴쿠버와 토론토 2개 도시다. 현재 인천-밴쿠버 간 직항노선을 운행하는 항공사는 에어캐나다, 아시아나항공, 대한항공이 있으며, 인천-토론토 구간은 대한항공이 운행하고 있다. 에어캐나다와 아시아나항공은 스타 얼라이언스(Star Alliance)라는 항공 동맹체의 멤버로서 협력서비스 체제로 운영되어 같은 가격의 운임을 책정하고 마일리지 적립 공유가 가능하다.

인천-밴쿠버 구간별 직항노선 1년 왕복 학생 평균요금 비교표

시즌 · 항공사	에어캐나다, 아시아나	대한항공
비수기	1,112,000~1,696,000원 (예약 선착순으로 가격 다름)	1,740,000원
성수기	1,562,000~2,186,000원 (예약 선착순으로 가격 다름)	2,053,000원

★ 별도 추가되는 Tax 유류할증료 약 19만 원 포함하지 않은 금액임.

환승 연계노선

성수기에 직항노선의 좌석이 없거나 여행 중 제3국에서 단기로 체류하며 특별한 경험을 희망하는 사람은 환승 연계노선의 항공을 이용할 수 있다. 환승 연계노선은 직항노선에 비해 가격이 저렴한 편이지만, 환승을 해야 하는 번거로움이 있으며 간혹 공항에서 연계항공 시간을 맞추기 위해 장시간 대기해야 하는 경우도 있다. 제 3국에서 단기체류를 원하는 경우 호텔/식사제공 등 항공사에서 제공하는 특별한 혜택이 있는지 정확히 확인한 후 이용하자.

> **항공사**
> 환승 연계노선에는 일본항공(인천-도쿄-밴쿠버), 캐세이퍼시픽(인천-홍콩-밴쿠버), 필리핀항공(한국-마닐라-밴쿠버), 기타 미국 항공사(한국-미국-캐나다) 등이 있다.

인천-밴쿠버 구간별 환승 연계노선 1년 왕복 학생 평균요금 비교표

시즌 · 항공사	일본항공	캐세이패시픽	필리핀항공
비수기	약 900,000원	약 980,000원	약 1,600,000~1,900,000원
성수기	약 1,100,000원	약 1,320,000원	약 1,680,000~1,980,000원

★ 별도 추가되는 Tax&유류할증료 약 20~30만 원 포함하지 않은 금액임.

항공권 구매 절차

- 가격, 조건 등 비교 후 내게 가장 적합한 항공 결정
- 예약 (여행사, 항공사, 유학원)
- 항공료 납부와 발권에 필요한 서류 제출 (일반 항공권은 여권복사본, 학생요금은 여권복사본과 입학허가서나 학생 비자 필요)
- 이메일을 통해 항공권 발급 (항공권 e-ticket 발급 시스템으로 이메일로 받을 수 있음)

항공권에 관해 알아둘 사항

1. 항공사 마일리지

에어캐나다, 아시아나항공, 대한항공은 캐나다 여행 후 제주도 왕복항공을 이용할 정도의 마일리지를 적립할 수 있다. 타 항공사도 마일리지 적립이 있지만 나중에 해당 항공사를 이용할 기회가 많지 않을 수도 있다. 마일리지를 적립하려면 공항에서 탑승수속 전 해당 항공사(에어캐나다는 아시아나 마일리지 카드로 적립 가능)의 마일리지 카드를 발급받아 탑승수속 시 카드를 제출하면 된다. 탑승수속 때 마일리지 적립을 잊은 사람은 항공권(Boarding pass)을 잘 보관했다가 일정 기간 내에 해당 항공사에서 적립 신청을 하자.

2. Tax와 유류할증료

항공 운임에는 항공료 외에 추가로 내야 하는 Tax와 유류할증료가 있다. Tax는 기본적으로 항공료에 추가되는 세금으로 출발과 도착 공항 이용료와 전쟁 보험료 등을 포함한다. 유류할증료는 수시로 변하는 유가 변동에 대한 부분을 유류할증료라는 명목으로 차감계산함으로써, 총 항공료를 더 쉽게 계산할 수 있도록 만들어졌다. Tax와 유류할증료는 항공사별로 다르고 수시로 변동한다. (항공사 평균 Tax + 유류할증료 = 직항노선 약 19만 원 / 환승 연계노선 약 20~30만 원)

3. 항공권 분실 시

예전에 종이티켓으로 항공권을 발급했을 때는 항공권 분실 시 항공사를 방문해 항공권을 다시 발급받아야 하는 번거로움이 있었지만, 현재는 이메일을 통해 전자항공권(e-ticket)을 발급받기 때문에 항공권을 분실하더라도 다시 프린트만 하면 된다.

4. 귀국 항공권의 예약과 변경

왕복 항공권으로 캐나다로 출발하는 경우 돌아오는 날짜를 지정하여 예약할 수도 있고, 돌아오는 날짜를 미정(Open)으로 살 수도 있다. 오픈티켓은 현지에서 돌아오기 전에 날짜를 지정해서 예약하면 된다. 성수기에는 조기에 예약이 마감되므로 2~3개월 정도 전에 돌아오는 날짜를 예약하는 것이 좋다. 돌아오는 티켓은 항공사에 전화나 방문을 통해 예약할 수 있으며 외국항공사는 현지에서 한국어 서비스를 지원하지 않는다. 6개월에서 1년 정도 어학연수를 했다면 영어로 직접 예약을 시도해보자. 돌아오는 날짜 지정을 위해서는 항공권의 자세한 정보가 필요하므로 이메일로 전달받은 항공권을 프린트해서 꼭 지참하도록 한다.

Canada

국제운전면허증

캐나다에서 운전하려면 한국에서 국제운전면허증을 발급받아 가는 것과 캐나다에서 한국 운전면허증을 캐나다 운전면허증으로 변경하는 방법이 있다. 국제운전면허증은 한국의 운전면허시험장에서 당일 발급받을 수 있고, 유효기간은 1년이지만 캐나다에서는 입국 후 6개월까지만 운전할 수 있다. 국제운전면허증으로 캐나다에서 운전할 때는 반드시 한국운전면허증을 지참해야 한다. 외국에서 국제운전면허증은 여권을 대신해 신분증으로도 사용할 수 있다.

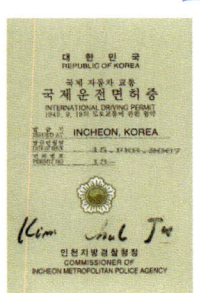

- 구비서류: 한국 운전면허증, 여권, 여권용 사진 1매
- 발급 수수료: 7,000원

> **캐나다 운전면허증 취득**
> 캐나다에 도착하면 각 지역의 운전면허시험장에서 한국 운전면허증을 캐나다 운전면허증으로 변경할 수 있다. 캐나다에 있는 한국영사관 등의 공관을 통해 한국 운전면허증을 공증받아 운전면허시험장에 제출하고 간단한 시각검사를 받으면 된다. 캐나다에서 6개월 이상 체류하며 운전을 할 계획이라면 도착 후 캐나다 운전면허로 변경하는 것이 좋다.

국제학생증

국제학생증은 외국에서 학생신분임을 증명할 수 있는 카드로, 각종 숙박, 교통, 문화시설 등을 이용할 때 학생할인혜택을 받을 수 있다. 만 12세 이상의 정규학교 학생이거나 외국의 교육기관으로부터 입학허가를 받은 사람이 신청할 수 있다. 국제학생증에는 크게 ISIC 카드와

ISEC 카드 두 종류가 있으며, 캐나다에서는 Greyhound와 Travel Cuts 에서도 할인이 되는 ISIC 카드(International Student Identity Card)가 더 유용하게 쓰인다.

http://www.isic.co.kr

· 구비서류: 재학증명서 or 휴학증명서 or 학생 비자 or 연수기관 입학허가서(1개월 이내 발급), 신분증(주민등록증 or 운전면허증 or 여권), 반명함판 사진
· 발급처: KISES 여행사, 전국 112개 대학교, 외환은행
· 유효기간: 매년 12월을 시작으로 1년 4개월 동안 유효
· 발급비용: 14,000원

유학생/여행자 보험

캐나다로 출발 전 잊지 말고 꼭 챙겨야 할 것 중 하나가 건강보험이다. 캐나다에서 보험 없이 외국인 신분으로 병원을 이용하면 상상하지 못할 정도로 큰 금액을 의료비로 지급하게 된다.

어학연수의 경우

캐나다는 주별로 국제학생 건강보험에 대한 정책이 다르므로 먼저 캐나다 각 주의 건강보험 가입이 가능한지와 보험료 등을 확인 후 캐나다 주 보험에 가입할지 아니면 유학생 보험에 가입할지를 선택해야 한다. 주별 캐나다 건강보험제도는 뒤에 나오는 '건강보험 가입하기'를 참고하자.

단기 여행자의 경우

여행자 보험은 의료혜택뿐만 아니라 잦은 이동으로 말미암은 분실/도난 등에 대한 보상도 함께 적용되는 것이 일반적이다. 간혹 부모님이 자신을 위해 미리 가입해둔 보험 중에 국외여행 중 의료시설이용 등의 혜택을 받을 수 있는 보험이 있는지 확인해서 불필요한 중복가입을 피하는 것이 좋다.

> AIG 여행자 보험
> http://www.aiggeneral.co.kr
> ACE 여행자 보험
> http://www.ace-insu.co.kr
> Chubb 여행자 보험
> http://www.chubb.com

6~12개월 정도 체류를 예정하는 사람은 일반적으로 약 C$3,000 정도가 적당하다. 초기 정착에 필요한 홈스테이(숙식) 비용, 교통비, 용돈, 생활용품 구매 등의 비용이다. 초기 현금 사용에 필요한 금액 C$500 정도는 현금으로, 나머지 C$2,500은 여행자수표(Traveller's Check)로 환전하는 것이 좋다. 현금은 C$10권 10매, C$20권 10매, C$50권 2매, C$100권 1매 정도가 적당하다. 캐나다의 경우 C$100권의 현금 사용이 흔하지 않고 간혹 거스름돈의 부족으로 사용이 힘들 수 있으니 가능한 적은 액수의 소액권 화폐를 충분히 준비하는 것이 좋다. 여행자수표는 C$100권 5장, C$500권 4장으로 환전해 잘 보관하자. 캐나다 도착 후 최소의 사용 현금만을 남긴 후 나머지 금액은 분실을 방지하도록 은행계좌 개설 후 즉시 입금하도록 한다.

방문 비자로 캐나다에 입국하는 경우 입국심사에서 여행에 필요한 경비를 얼마나 가지고 있는지 질문할 수 있다. 이때 지참한 경비가 캐나다 여행을 하기에 너무 적다고 심사관이 판단하는 경우 공항에서 입국 거절을 당할 수도 있으므로 이러한 질문을 받으면 현금과 신용카드 등을 함께 보여주며 필요한 만큼 신용카드로 사용한다는 것을 확인시키자. 그리고 캐나다의 ATM에서 한국 은행계좌의 돈을 바로 찾을 수 있는 국제직불카드를 가져가면 유용하게 사용할 수 있다.

여행자수표

여행자수표는 여행자의 금전 도난방지와 휴대를 간편히 하고자 발급하는 통화다. 환전 시 환율이 현금보다 유리하고 도난이나 분실에 대한 위험이 현금에 비해 적으므로 당장 쓰지 않을 돈은 여행자수표로 환전해 캐나다 도착 후 은행계좌를 개설하고 입금하면 효과적이다. 하지만 소형 매장 등에서는 현금처럼 사용하기가 어려워 단기 여행자가 여행자수표를 자주 사용할 경우에는 효과적이지 못할 수 있다. 여행자수표의 전면부에는 두 곳의 서명란이 있는데 이 두 곳의 서명이 일치

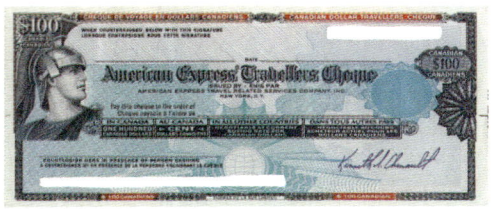

해야 사용할 수 있으며, 여행자수표 구매 후 두 곳의 서명란 중 한 곳에 서명을 미리 해서 도난이나 분실 시 타인의 사용을 방지한다. 여행자수표를 사용할 때는 여권을 지참해 여행자수표를 받는 측에게 신분을 확인시키고 서명이 되지 않은 나머지 한 곳의 서명란에 받는 사람이 보는 앞에서 서명한 후 사용한다. 도난/분실을 대비해서 여행자수표 구매 후 수표 전면부 상단의 일련번호를 메모해두는 것이 좋다.

✓국제직불카드

국제직불카드는 외국에서도 사용 가능한 현금카드로, 캐나다의 ATM을 이용해서 한국의 통장에 입금된 돈을 바로 찾을 수 있다. 신용카드는 학생들이 발급받기 쉽지 않지만 국제직불카드는 통장이 있는 사람은 누구나 가질 수 있다. 국제직불카드는 Cirrus 혹은 PLUS 마크가 새겨진 두 가지가 있으며 캐나다에서는 두 카드 모두 사용할 수 있지만 동남아시아에서는 PLUS 마크보다 Cirrus 카드를 사용하는 ATM이 많다.

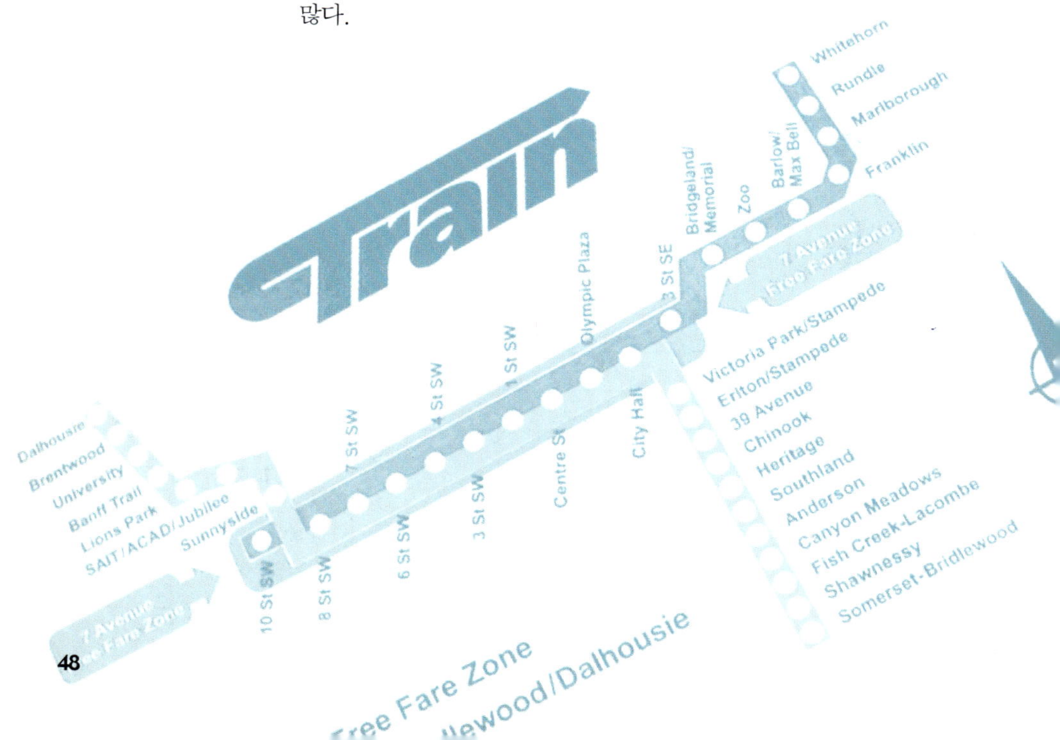

내 인생을 바꾸는 캐나다에서 홀로서기

009 짐 꾸리기

SURVIVAL ENGLISH

Canada

캐나다에 가져간 물건을 정리할 때 기내 객실 반입이 금지되는 물품들이 있다. 비행기에 탑승할 때 칼, 포크, 손톱깎이 등의 날카로운 물품, 화기성 물품, 화장품, 음료 등의 액체류는 가지고 탈 수 없으니 반드시 수화물 짐 가방에 넣도록 주의한다. 무작정 가방에 짐을 넣는 것보다 필요한 물품들을 하나씩 한곳으로 모아두고 출발 하루 전에 물품들을 정리하며 무겁고 큰 물건은 아래쪽으로, 초기 도착 후 즉시 필요한 물품들은 위쪽으로 가방에 정리하는 것이 효과적이다.

기내 객실로 반입이 금지된 물품들

- 각종 가스와 본드: 라이터용 석유, 라이터용 가스, 2개 이상의 일회용 가스라이터, 캠핑용 가스, 공업용 본드 등.
- 흉기 가능성 위험 물품: 총포류, 도검류, 손톱 손질용 가위와 손톱깎이 등, 식사용 포크와 나이프 등
- 100ml를 초과하는 액체류: 음료수, 김치, 스킨, 로션, 향수, 마스카라, 주류, 물, 통조림 등
- 100ml를 초과하는 젤류: 고추장, 된장, 쨈, 헤어젤, 화장품, 치약, 샴푸, 린스 등
- 100ml를 초과하는 스프레이류: 헤어스프레이, 방향제, 헤어무스, 쉐이빙크림 등

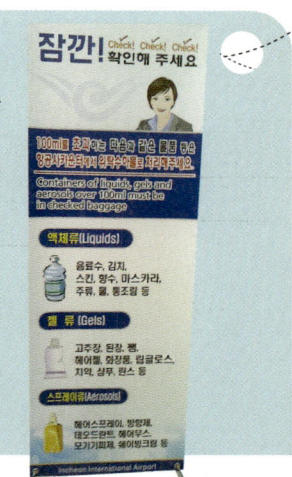

이용하는 항공사별로 허용하는 수화물의 무게와 부피가 조금씩 다르다. 만약 항공사에서 허용하는 무게를 초과한다면 공항에서 짐을 맡길 때 추가운임을 지급해야 하거나, 번잡하고 바쁜 공항에서 짐 가방을 다시 정리해야 하는 번거로움이 생길 수도 있다. 그러니 미리 해당 항공사의 수화물 허용범위를 확인해 초과하지 않도록 꼼꼼히 준비하자. 에어캐나다(AC), 대한항공(KE), 일본항공(JAL)의 수화물 허용무게는 같으며, 23kg 미만의 가방 2개가 허용된다. 두 가방의 총 무게를 46kg으로 허용하는 것이 아니라, 한 가방의 무게가 23kg을 초과해서는 안 된다는 말이므로 두 가방에 넣는 물건들을 적절히 나누어 담아야 한다.

> 에어캐나다, 대한항공, 일본 항공의 수화물 허용 무게
> 23kg 미만의 가방 2개 + 기내용 가방

출국 준비물

홈스테이 주소

여권/비자	원본, 복사본
입학허가서	원본, 복사본
숙박정보	숙소 주소, 전화번호, 공항 픽업자 전화번호
항공권	영문스펠링, 출발/도착 시각, 이용 공항 확인

공항 입국심사에 필요한 여권, 비자, 입학허가서, 숙박정보, 항공권은 안전하고 찾기 쉬운 곳에 함께 보관하여 낯선 장소에서 영어로 진행해야 하는 입국심사를 편히 받을 수 있도록 한다.

보험증명서	원본 2부, 복사본 1부 (원본 1부는 부모님 보관, 원본 1부와 복사본 1부는 서로 다른 장소에 지참)
국제운전면허증 국제학생증	외국에서 국제운전면허증은 ID로도 사용 가능하며, 국제학생증은 다양한 할인혜택을 받을 수 있다.
신용카드 국제직불카드 현금	외국에서 사용 가능한 신용카드가 있으면 캐나다에서 은행계좌 개설, 자동차 렌트, 전화 설치 등 여러 상황에서 유용하게 쓰임. 직불카드도 외국에서 사용 가능한 것인지 확인.
의류	속옷, 양말, 운동복 등 당장 필요한 옷
✓의약품	소화제, 두통약, 연고 등의 상비약 비타민제

우산, 장화,
도시락통
생리대,
양초,
신발
⊕ 이불

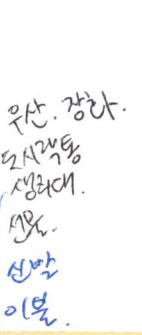

책	영어책, 사전 등 필요하고 평소에 보던 책
문구류	볼펜, 샤프, 노트, 다이어리 등
전자제품	전자사전, 디지털 카메라, 노트북 등. 캐나다는 110V의 전압을 사용하므로, 사용 가능한 제품인지 꼭 확인하기. USB, CD, MP3. 220V 전용제품도 변압기를 이용해 사용할 수 있지만 변압기 구매가 번거롭다. 헤어드라이기
화장품	로션, 자외선 차단제 등 기초 화장품
세면도구	수건, 비누, 칫솔, 치약, 샴푸, 면도기 등
~~담배,주류~~	인천공항 면세점에서 저렴하게 구매 가능 (담배 200개비 미만, 주류 1.14리터 미만)
기타	손톱깎이, 면봉, 반짇고리, 알람시계, 우산 등
사진	여권 사진 여유분 3장, 반 명함 사진 여유분 3장

내 인생을 바꾸는 캐나다에서 홀로서기

Part 02

출발하기

Canada

001 인천공항에서

SURVIVAL ENGLISH

Canada

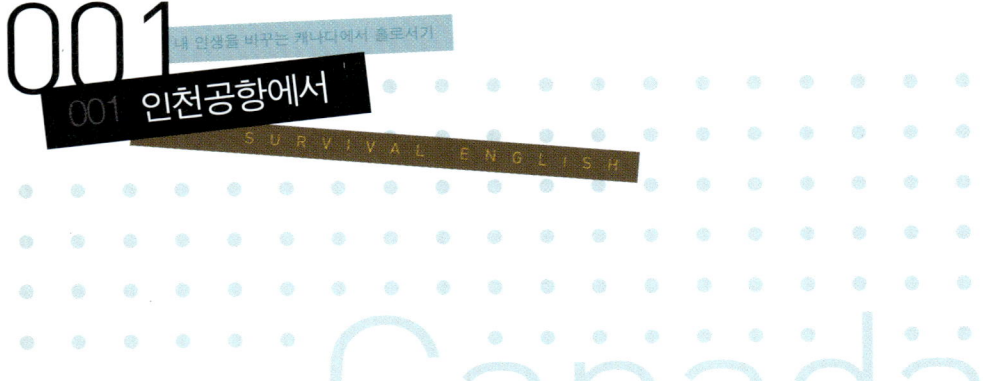

항공기 탑승수속

해당 항공사의 탑승수속 창구로 가서 항공권과 여권, 마일리지 카드 등을 제시하고 수화물을 위탁한 후 탑승권(Boarding Pass)과 수화물 택(Baggage Claim Tag)을 받는다. 탑승권에는 항공편 명, 승객의 영문 이름, 탑승구(Gate), 좌석번호(Seat Number), 탑승시간(Boarding Time) 등이 기재되어 있다. 수화물을 실을 때는 분실을 대비해서 반드시 가방에 이름표(이름, 주소, 연락처)를 부착하도록 하고 기내 반입 금지 물품이 기내용 가방에 들어 있지 않은지 다시 한 번 확인한다.

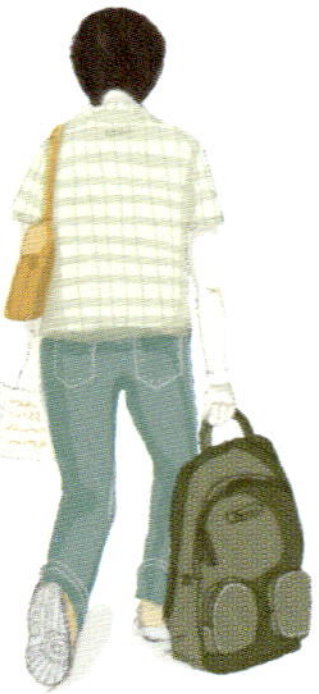

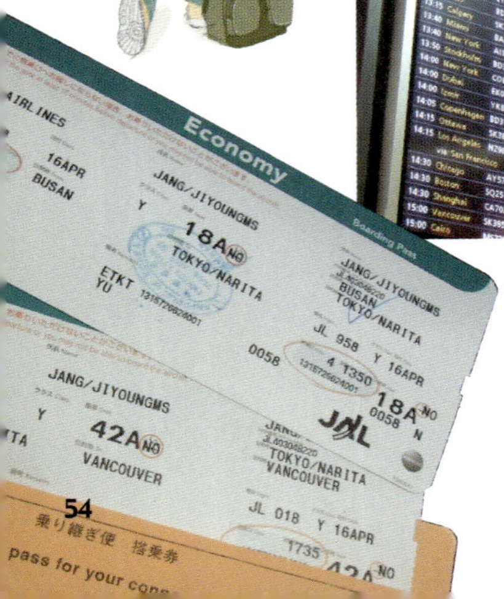

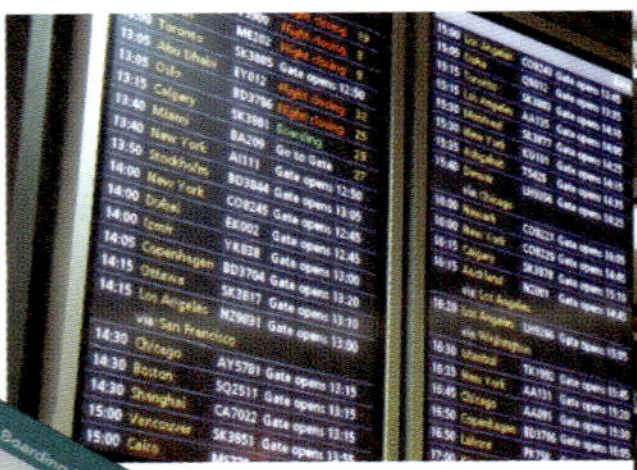

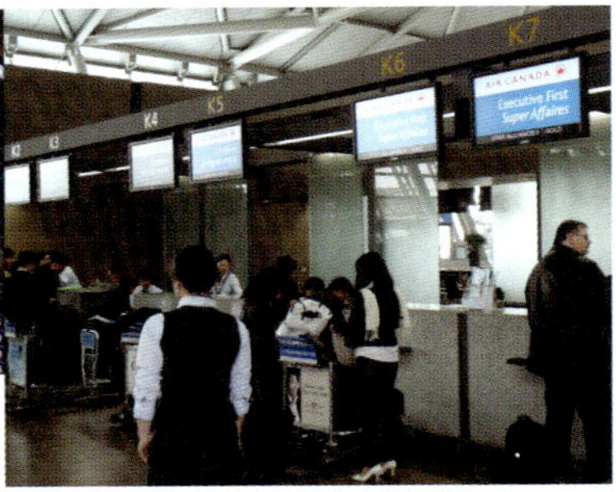

항공기 탑승

항공기 이륙시간으로부터 약 40분 전인 탑승시간까지는 항공기 탑승구에 도착해야 하므로 면세점 쇼핑 등의 소요시간을 예상해서 항공기 탑승에 무리가 없도록 한다. 출국 게이트를 거쳐 기내 반입 소지품의 엑스레이 검사 등의 보안검색을 끝내고 출입국 관리국 직원의 안내에 따라 여권을 제시하면 출국심사가 끝난다. 출국심사를 마친 후 면세점을 이용할 수 있으며 기타 개인적인 용무 후 해당 항공기의 탑승구 부근에서 대기하다가 탑승시간에 맞추어 비행기에 탑승한다.

반입 가능한 주류와 담배 (만 19세 이상)

- 주류

1.5리터 미만의 와인 or 1.14리터 미만의 와인 외의 주류 or 총 1.14리터 미만의 와인과 주류 or 355밀리리터의 캔/병 24개 미만(최대 8.5리터)

- 담배

200개비 미만의 담배 or 200g 미만의 잎담배 or 50개비 미만의 시가(Cigar)

2008년 6월부터 모든 외국계 항공사 이용승객은 기존의 여객터미널이 아닌 새로 건설된 탑승동에서 항공기에 탑승하게 된다. 때문에 에어캐나다, 싱가포르항공 등 모든 외국계 항공기 탑승객들은 여객터미널에서 탑승수속을 마친 후 탑승동의 해당 탑승구로 이동해야 한다. 여객터미널에서 탑승동까지의 이동은 3~5분 간격으로 운행되는 셔틀전철(여객터미널에서 탑승동까지 운행시간 약 2분)을 이용하고, 이동시간은 총 10분 정도 소요된다. 항공기 탑승 후 본인의 좌석에 앉아 승무원의 지시에 따른다.

> 캐나다에 도착하기까지 약 10시간 이상의 시간이 소요되므로 비행 중 기내 혹은 중간에 갈아타는 곳에서 읽을 책이나 게임, 입국심사에 필요한 영어표현 준비 등 시간을 보낼 수 있는 물건들을 준비하면 좋다.

002 입국심사 & 세관검사

최근 세계 각 지역으로부터 온 관광객들과 영어를 배우려는 학생들의 급격한 증가로 캐나다 이민국에서는 자국민의 안전과 건전한 국제문화 정착을 위해 까다로운 입국심사를 하고 있다. 간혹 이민국 입국심사에서 불성실한 태도나 앞뒤 정황이 맞지 않는 방문목적 등으로 원하는 체류기간을 허가받지 못할 수 있으니, 캐나다 출발 전 반드시 입국절차와 이민국 심사 등을 숙지하도록 한다.

세관신고서 작성

항공기 착륙 전 기내에서 나누어준 캐나다 세관신고서(Canada Customs Declaration Form)를 작성한다. 세관신고서는 영어와 불어로 작성할 수 있으며, 인적사항(이름, 생년월일, 주소, 국적), 항공 편명, 방문 목적 등을 해당란에 기재하면 된다.

❶ 방문 목적: 학생 비자는 Study, 관광이나 워킹홀리데이는 Personal에 체크
❷ 출발지: 보통 Other country direct에 체크하고, 미국을 거쳐 가는 경우는 Other country via U.S.에 체크
❸ 무기 소지 여부
❹ 판매용 상품 소지 여부
❺ 육류, 농산품 등의 소지 여부
❻ C$10,000 이상의 소지 여부
❼ 소지하지 않고 탁송한 물건의 여부
❽ 외국에서 농장 방문 여부와 캐나다에서 농장 방문 예정 여부

★ ❸ ~ ❽번까지는 모두 No에 체크해야 입국에 문제가 생기지 않는다.

Canada Border Services Agency / Agence des services frontaliers du Canada

Declaration Card

— For Agency Use Only —
R   U.S. V   OV   Cr   O

Part A | All travellers (living at the same address) – Please print in capital letters.

1. Last name, first name and initials: **HONG, GIL DONG**
   Date of birth: **880408**   Citizenship: **KOREA**

2. Last name, first name and initials:
   Date of birth: Citizenship:

3. Last name, first name and initials:
   Date of birth: Citizenship:

4. Last name, first name and initials:
   Date of birth: Citizenship:

— 가족이 함께 오는 경우 작성

HOME ADDRESS – Number, street, apartment No.: **382-14, SEOGYO-DONG, MAPO-GU**
City/Town: **SEOUL**
Prov./State: **SEOUL**   Country: **KOREA**   Postal/Zip code: **우편번호**

Arriving by: Air ✓   Rail   Marine   Highway
Airline/flight No., train No. or vessel name — 항공 편명

Purpose of trip: ❶ Study / Personal / Business
Arriving from: ❷ U.S. only / Other country direct / Other country via U.S.

— For Agency Use Only —

I am/we are bringing into Canada: Yes   No
❸ Firearms or other weapons (e.g. switchblades, Mace or pepper spray).
❹ Commercial goods, whether or not for resale (e.g. samples, tools, equipment).
❺ Meat/meat products; dairy products; fruits; vegetables; seeds; nuts; plants and animals or their parts/products; cut flowers; soil; wood/wood products; birds; insects.
❻ Currency and/or monetary instruments of a value totalling CAN$10,000 or more per person.
❼ I/we have shipped goods that are not accompanying me/us.
❽ I/we have visited a farm and will be going to a farm in Canada.

Part B | Visitors to Canada
Duration of stay in Canada ___ days — 예상 체류일
❾ Do you or any person listed above exceed the duty-free allowances per person? (See instructions on the left.)   Yes   No

Part C | Residents of Canada
Do you or any person listed above exceed the exemptions per person? (See instructions on the left.)   Yes   No

Complete in the same order as Part A

Date left Canada YY - MM - DD	Value of goods – CAN$ purchased or received abroad (including gifts, alcohol & tobacco)	Date left Canada YY - MM - DD	Value of goods – CAN$ purchased or received abroad (including gifts, alcohol & tobacco)
1		3	
2		4	

Part D | Signatures (age 16 and older): I certify that my declaration is true and complete.

1. **서명**   Date ▶ **작성 년, 월, 일**
2.
3.
4.

E311 (08)   Protected A when completed   BSF311   Canada

입국심사

입국심사대에 먼저 온 대기자가 많다면 3-5시간 정도 많은 시간이 소요될 수도 있으므로 가능한 신속하게 이동해 대기자 앞쪽에 서는 것이 입국심사 수속시간을 줄이는 방법이다. (소요시간: 보통 2시간, 최단 1시간, 최장 5시간 이상) 기내에서 안내표지를 따라 이동하면 입국심사대를 만나게 된다. 입국심사대는 자국인(Resident)을 위한 대기줄과 외국인(Visitor)을 위한 대기줄로 나뉘는데, 외국인에 해당하는 대기줄에 줄을 선다. 여권과 방문 관련서류(입학허가서, 왕복항공권 등)를 준비했다가 심사관이 요구할 때 바로 보여줄 수 있도록 한다. 입국심사대에서 심사관과 인터뷰 후 비자의 유형에 따라 다음과 같은 절차를 밟게 된다.

> **방문 비자 유형별 체류기간**
> 여권에 도장만을 받았을 때: 6개월의 체류 허가
> 여권에 도장을 받고 그곳에 수기로 날짜를 기재해줬을 때: 기재된 날짜까지 체류허가
> 별도의 비자 종이를 받았을 때: 비자 종이에 표기된 날짜까지 체류허가

> **이민국에서 받는 질문들**
> • 방문 목적
> 학생 비자: 학업 (학생 비자와 입학허가서 제출이 요구됨)
> 방문 비자: 관광 (혹은 6개월 미만의 학업)
> • 체류기간
> 학생 비자는 학교 등록기간에 따르며, 방문 비자는 6개월 미만을 허가받게 된다. (이후 캐나다에서 비자 연장 가능)
> • 숙박 장소
> 호텔, 기숙사, 홈스테이 등 머물 곳의 주소, 전화번호 등을 말하면 된다.

• **방문 비자**

방문 비자의 입국심사에는 두 가지 경우가 있다. 첫 번째는 심사관이 입국심사 후 여권에 체류허가 도장을 바로 찍어주는 경우다. 이때는 별도의 추가 심사 없이 입국심사대를 통과해서 수화물 창구에서 가방을 찾아 나가면 된다. 두 번째는 심사관이 이민국(Immigration Office)으로 이동하라고 요구하는 경우다. 이때는 추가로 입국심사에 필요한 인터뷰가 필요한 경우로, 이민국에서 별도의 인터뷰를 거친 후 입국을 허가받게 된다.

• **학생 비자**

방문 비자와는 달리 모든 학생 비자 소지자는 이민국으로 이동을 지시 받으며, 이민국에서 인터뷰를 거쳐 입국허가를 받는다. 간혹 학생 비자 소지자가 입국심사에서 학생 비자 승인 레터를 보여주지 않아서 방문 비자 입국자로 오인되어 인터뷰 없이 나오는 경우가 있다. 이런 일이 없도록 학생 비자 소지자는 꼭 서류를 제시하고 학생 비자로 입국했음을 심사관에게 상기시키도록 한다.

• 방문 비자로 입국 시 주의사항

여권만 들고 가서 캐나다 공항의 입국심사에서 체류를 허가받는 방문 비자의 경우 가끔 인터뷰 실수나 부주의로 공항에서 입국이 거절되거나 원하는 체류기간을 허가받지 못하는 일이 생길 수 있다. 사전 정보 입수와 간단한 인터뷰 준비로 이런 불상사가 일어나지 않도록 하자.

입국이 거절되거나 체류기간을 짧게 허가받은 사례

1) 체류에 필요한 충분한 자금을 증명하지 못한 사람
   사례: 6개월 체류 목적으로 신용카드 없이 현금 C$200만 가지고 왔던 사람이 입국이 거부됨.

2) 캐나다에서 범법행위를 한 사람
   사례: 과거 캐나다에서 방문 비자를 연장했을 때 신체검사를 받지 않았던 사람이 재입국을 했을 때 체류가 일주일만 허가됨.

3) 캐나다에서의 체류장소가 불분명한 사람
   사례1: 입국심사의 체류장소 질문에서 적절한 대답을 하지 못해 체류기간이 일주일만 허가됨
   사례2: 단기연수를 위해 방문 비자로 입국한 사람이 체류장소 질문에 학교와 2시간 거리의 주소를 말해 목적을 의심받아 입국이 거부됨.

4) 관광이나 단기연수의 목적에 맞지 않은 물품을 휴대한 사람(6개월 이상의 입학허가서, 전문 비즈니스 용품 등)
   사례1: 방문 비자로 온 사람이 입국심사에서 가방 검사를 요구받아 8개월 입학허가서가 발견됨. 방문 비자로는 6개월까지만 학업이 가능하므로 이민법 위반사유로 간주되어 입국이 거부됨.
   사례2: 한국에서 미용사를 하던 사람이 단기 연수를 목적으로 왔다가 가방 검사에서 어학연수에 불필요한 미용관련 전문용품들이 발견되어 입국이 거부됨.

5) 혐오감을 주는 복장이나 액세서리를 착용한 사람
   사례: 현란한 머리 염색과 문신에 해병대 바지를 입고 왔던 사람에게 체류가 일주일만 허가됨.

6) 캐나다를 단순 관광목적으로 빈번하게 입국하는 사람
   사례: 뚜렷한 사유 없이 관광목적으로 과거 1년 동안 4번이나 캐나다를 방문했던 사람이 6번째 입국시도를 하다가 목적을 의심받고 체류가 일주일만 허가됨.

Immigration

Officer: May I have your passport?
심사관: 여권을 보여주시겠습니까?

Jenny: Here you are.
제니: 여기 있습니다.

Officer: What is the purpose of your visit?
심사관: 방문 목적이 무엇이죠?

Jenny: I'm here to study English.
제니: 영어공부를 하려고 왔습니다.

Officer: Do you have a study permit and a letter of acceptance?
심사관: 학생 비자와 입학허가서를 가지고 계신가요?

Jenny: Yes, here it is.
제니: 네, 여기 있습니다.

Officer: How long are you going to stay in Canada?
심사관: 캐나다에서 얼마나 체류할 건가요?

Jenny: I'm planning to study for 1 year.
제니: 1년 동안 공부할 계획이에요.

Officer: What did you do in Korea?
심사관: 한국에서 직업은 무엇입니까?

Jenny: I am a college student.
제니: 대학생입니다.

[handwritten notes: I was a educator at a day nursery / a day care center. "early-childhood of educator" / I'm renting a house. / I'm having a shared house.]

Officer: Where are you going to stay in Canada?
심사관: 캐나다에서는 어디에서 지낼 건가요?

Jenny: I'm staying with a homestay family. Here's the homestay information.
제니: 홈스테이에서 머물 거예요. 여기 홈스테이 정보예요.

Officer: OK. Here's your study permit. You have been approved for 1 year to cover your study period. Enjoy your time in Canada.
심사관: 네, 여기 학생 비자예요. 학교를 등록한 기간만큼 1년 체류가 허가되었습니다. 즐거운 캐나다 생활을 보내시길 바랍니다.

세관 통과하기

인터뷰 등으로 입국심사가 길어져 수화물이 오랫동안 방치되는 경우, 분실이나 도난의 우려가 있으므로 입국수속이 끝나면 바로 가방을 찾는다. 가방을 찾으면 안내표지를 따라 출구 쪽으로 나가자. 캐나다는 세관검사대가 별도로 운영되지 않고 출구로 나가는 마지막 위치에서 세관원들이 세관신고서 제출을 요구하는데 의심스러운 점을 발견하면 그 자리에서 짐 가방을 열어 확인을 요청한다. 대부분 관광객이나 학생은 별도의 가방 확인 요청 없이 통과하지만, 혹시라도 요청을 받은 사람은 지시에 따라 행동한다.

환승하는 경우

한국에서 캐나다로의 국제선 항공은 밴쿠버와 토론토로만 운항한다. 그래서 이 지역이 최종 목적지가 아니고 다른 지역으로 이동하는 경우는 밴쿠버/토론토 공항에서 목적지로 출발하는 국내선 비행기로 갈아타야 한다. 환승할 사람까지 포함해서 모든 입국자는 처음 도착한 국제공항에서 입국심사와 이민국 인터뷰 등을 하게 되며, 이후 도착한 목적지 도시의 국내선 공항에서는 별도의 입국심사가 없다. 입국심사에 많은 시간이 소요될 수 있으므로 시간이 충분하지 않으면 목적지로의 국내선 비행기에 탑승하지 못할 수도 있다. 중간에 비행기를 갈아타는 시간간격이 3~4시간 정도 된다면 무리가 없을 것이다.

> **비행기를 놓친 경우**
> 환승 시간 부족으로 국내선 환승 비행기에 탑승하지 못한 경우 해당 항공사의 국내선 탑승수속 창구에서 별도의 요금 없이 다음 비행기로 탑승을 미루어 이용할 수 있다. 하지만 목적지에 픽업자가 나오기로 한 경우는 미리 연락해서 공항픽업에 문제가 생기지 않도록 하자.

캐나다 국내선 항공으로 환승 수속절차

1. 입국심사를 마치고 짐 가방을 찾은 후 세관신고서 제출 (수화물이 목적지로 바로 가지 않는 경우엔 같은 항공사의 비행기로 환승하더라도 가방을 찾은 후 국내선 탑승수속 때 다시 맡겨야 함)
2. 안내표지를 따라 출구방향으로 이동 후 근처에 있는 해당 항공사 국내선 탑승수속 창구(Check-In Counter)에서 국내선 항공 탑승수속
3. 탑승수속 창구에서 수화물을 맡기고 탑승권을 받는다.
4. 국내선 청사를 표시하는 Internal/Domestic 안내 표지를 따라 국내선 청사로 이동해서, 탑승권에 기재된 탑승시간까지 해당 탑승구에서 대기하다가 시간이 되면 승무원의 안내에 따라 탑승

003 공항에서 시내로 가는 교통편

Canada

밴쿠버

밴쿠버 공항에서 시내까지 가려면 버스를 한 번 갈아타야 한다. 국내선 청사 1층(Level 1 of Domestic Terminal)으로 가서, 그 앞에 있는 버스터미널에서 공항버스터미널(Airport Station Bus Terminal)까지의 순환버스인 424번 버스를 탄다. 2존 요금인 C$3,75을 현금으로 내고 환승티켓을 요청(Transfer, please!)해 보관한다. 약 7분 정도 후 델타호텔 옆 공항버스터미널에 하차해서, 별도의 요금 없이 티켓을 보여주고 98B Express Bus나 496번 일반버스를 탄다. 98B버스나 496번 버스 승차 후 시내까지 약 30분 정도 소요된다.

토론토

토론토 공항의 터미널1(Ground level)이나 터미널3(Arrival level)의 버스정류장에서 192번 버스(Airport Rocket)를 타고 Kipling 지하철역에 하차 후 지하철을 이용한다. 공항에서 Kipling 역까지는 버스로 약 20분 정도 걸리고, Kipling 역에서 다운타운의 Bay 지하철역까지 약 30분 정도 소요된다. 요금은 현금승차 시 C$2.75을 내고 지하철로 갈아타기 위한 환승티켓을 요청해 보관한다. 300A버스 역시 터미널1(Ground level)이나 터미널3(Arrival level)의 버스정류장에서 승차하고, 요금은 현금승차로 C$2.75다. 공항에서 다운타운의 중심 Yonge & Bloor Street까지 약 45분 정도 소요된다.

> 192번 버스는 오전 5시30분부터 약 새벽 2시까지 운행하며 일반버스와 지하철이 운행하지 않는 심야에는 300A번 버스로 공항에서 시내까지 한번에 갈 수 있다.

캘거리

캘거리 공항에서 시내까지는 SUNDOG 공항버스를 이용해 쉽게 이동할 수 있다. SUNDOG 공항버스는 캘거리 공항에서 시내 유명 호텔들을 지나는 셔틀버스로 요금은 C$15이다. 1시간 간격으로 공항에서 출발하며 캘거리 시내까지 약 50분 정도 소요된다. International Arrivals Level Area C에 있는 SUNDOG 공항버스 안내대에서 탑승티켓을 산 후 공항 건물 밖의 Bus & Shuttle 정류장에서 승차한다.

빅토리아

빅토리아 공항에서 시내까지는 75번 버스를 이용하면 된다. 요금은 현금승차 기준 C$3로 약 70분 정도 소요된다. 버스정류장은 빅토리아 공항건물 밖 우측 끝 편에 있으며, 작은 공항이라 쉽게 정류장을 찾을 수 있다. 이용객이 많지 않은 관계로 오전 10시경, 11시 10분경, 오후 2시 30분경, 7시 30분경, 9시 30분

경, 10시 30분경에 출발하며 출발시각은 계절별로 변동된다. 몇몇 시간대의 75번 버스는 시내까지 운행하지 않고 약 10여 분 못 미친 지점인 Royal Oak Exchange까지만 운행하는데, 이 경우 Royal Oak Exchange에서 하차해 6번, 30번, 31번, 70번 등의 버스로 갈아타 시내까지 이동할 수 있다.

■ 택시 이용

공항의 택시 승강장에서 택시기사에게 목적지의 주소만을 이야기하면 무리 없이 목적지까지 갈 수 있다. 각 지역 요금 차이가 있지만, 일반적으로 약 C$1.40~1.55/km + Tip(택시요금의 약 10%)이다. 다음은 각 도시 공항으로부터 시내까지 부과되는 대략적인 택시요금이다.

- 밴쿠버 공항 -> 밴쿠버 시내: 약 C$25 + Tip ≒ 10%.
- 토론토 공항 -> 토론토 시내: 약 C$70 + Tip
- 캘거리 공항 -> 캘거리 시내: 약 C$30 + Tip
- 빅토리아 공항 -> 빅토리아 시내: 약 C$50 + Tip
- 몬트리올 공항 -> 몬트리올 시내: 약 C$35 + Tip

■ **공항 픽업**

밴쿠버와 토론토 공항을 비롯해 캐나다의 모든 공항들은 한국의 인천 국제공항에 비해 작은 편이어서 도착 후 공항에 마중나온 사람을 만나는 것이 그리 어렵지 않다. 하지만 출발 전 반드시 공항에서 만나는 방법을 다시 한 번 확인하고, 만약의 경우를 대비해 비상연락처, 정확한 주소 등을 메모해두는 것이 좋다.

| 내 | 인생을 | 바꾸는 | 캐나다에서 | 홀로서기 |

Part 03 숙소 구하기

Canada

001 호스텔

호스텔은 배낭여행 등 주로 젊은 여행객들이 저렴한 비용으로 많이 이용하는 숙박시설이다. 보통 여럿이 개방된 공간에서 함께 머물면서 주방, 화장실 등을 공동으로 사용하고, 1~2인실의 독립된 객실이 있는 곳도 있다.

숙박료는 지역과 호스텔별로 차이가 있지만 보통 6인실을 기준으로 하루에 1인 약 C$20 정도다. 아침식사, 픽업, 무선인터넷, TV 등의 서비스가 유/무료로 제공되니 호스텔 결정 시 무료 서비스가 어떤 것이 있는지 확인하는 것이 좋다. 대개 예약을 하지 않아도 쉽게 방을 구할 수 있지만 여행 성수기나 지역의 특별한 행사가 있는 기간에는 전화나 이메일 등으로 미리 예약을 하고 가자.

호스텔은 저렴한 비용으로 숙박을 해결하고 세계 각국의 여행객들과 문화와 정보를 교류할 수 있다는 장점이 있지만, 공동생활로 말미암아 귀중품 분실 등의 가능성이 있고, 함께 묵는 사람에 따라 시끄러울 수도 있다. 유스호스텔을 숙박시설로 결정했다면 외출 시 항상 귀중품을 챙겨다니도록 하고, 호스텔에 보관함(Safety Box)이 있는지 문의해 이용하도록 한다.

http://www.hihostels.ca/

Hostel

Staff: Pacific Youth Hostel. How may I help you?
직원: 퍼시픽 유스호스텔입니다. 무엇을 도와드릴까요?

Jenny: I'd like to reserve a room from this Friday.
제니: 이번 주 금요일부터 방을 예약하고 싶어서요.

Staff: How many people will be staying in the room?
직원: 몇 분이세요?

Jenny: I need 2 single beds for 2 people.
제니: 두 명이 쓸 싱글 침대 두 개가 필요해요.

Staff: How long are you going to stay?
직원: 얼마 동안 묵으실 계획이십니까?

Jenny: I'll stay for 3 days.
제니: 사흘 동안 묵을 거에요.

Staff: OK, there is a room available on the 4th floor. It is $75 per night excluding tax.
직원: 네, 4층에 원하시는 방이 있습니다. 세금 별도로 하루에 75달러입니다.

Jenny: OK, I'll take that room.
제니: 네, 그 방으로 할게요.

밴쿠버

Vancouver Downtown
밴쿠버 시내의 잉글리시 베이 근처에 있어서 이동이 편하면서도 주변이 조용하다.
숙박요금 C$26(Dorm), C$62(2인실)
1114 Burnaby Street, Vancouver, BC
Tel. (604) 684-4565

Vancouver Central Hostel
밴쿠버 중심에서 10분 거리인 편리한 위치와 깨끗하고 잘 관리된 시설로 높은 만족도를 보인다.
숙박요금 C$25(Dorm), C$62(2인실)
1025 Granville Street, Vancouver, BC
Tel. (604) 685-5335

Jericho Beach Hostel
밴쿠버 서부의 Jericho Beach에 있는 호스텔로 밴쿠버 시내와는 약 30분 거리. (5월 1일~9월 30일까지 여름 시즌만 운영)
숙박요금 C$20~C$65
1515 Discovery Street, Vancouver, BC
Tel. (403) 670-7580

휘슬러

Whistler Hostel
휘슬러 빌리지와 10분 거리에 있는 아름다운 Alta Lake 근처의 호스텔.
숙박요금 C$23(Dorm), C$57(2인실)
5678 Alta Lake Rd, Whistler, BC
Tel. (604) 932-5492

AMS/UBC Whistler Lodge
휘슬러 빌리지와 약 5분 거리에 있는 Dorm 스타일의 숙소. UBC 학생들이 많이 이용해서 겨울에는 약 10~50개의 침상만 일반인에게 제공한다.
http://www.ubcwhistlerlodge.com/
숙박요금 C$20~C$40
2124 Nordic Drive, Nordic Estates, Whistler, BC
Tel. (604) 822-5851 or (604) 932-6604

Southside Lodge
저렴한 비용과 편리한 위치로 휘슬러의 스키어와 스노보더들이 많이 이용한다.
http://www.southsidelodge.com/
숙박요금 C$25~
2102 Lake Placid Drive, Whistler, BC
Tel. (604) 932-3644 or (604) 938-6477

빅토리아

Hi Victoria Hostel
빅토리아 다운타운 Inner Harbour 근처에 있어서 주의사당, 박물관 등 주요 관광지가 가깝다.
숙박요금 C$18(Dorm), C$60(2인실)
516 Yates Street, Victoria, BC
Tel. (250) 385-4511

Ocean Island Backpackers Inn
빅토리아 시내의 차이나타운 근처에 있어서 주위에 다양한 식당이 많고 교통이 편리하다.
www.oceanisland.com
숙박요금 C$20~27(Dorm), C$27~128(1인실)
791 Pandora Avenue, Victoria, BC
Tollfree 1-888-888-4180
Tel. (250) 385-1788

Turtle Hostel
최근 깨끗하게 새로 단장한 다운타운의 호스텔로 유명 관광지가 가깝고 교통편이 좋다.
http://www.turtlehostel.ca/
숙박요금 C$22(Dorm), C$35~40(1인실), C$50(2인실)
1608 Quadra Street, Victoria, BC
Tollfree 1-877-381-3210
Tel. (250) 381-3210

캘거리

Calgary City Centre Hostel
캘거리 중심지에 있어서 다양한 식당이 많고 쇼핑하기 좋다. 바비큐 파티, 무비 나이트, 시내 투어 등 다양한 활동을 즐길 수 있다.
숙박요금 C$25(Dorm), C$75(2인실)
520-7th Avenue S.E, Calgary, AB
Tel. (403) 670-7580

SAIT Residence & Conference Centre
캘거리의 유명 대학인 SAIT의 기숙사로 5~8월까지 방학기간에는 일반 여행객들이 이용할 수 있다. 아파트형 기숙사 시설로 일반 호스텔보다 독립공간이 많다.
http://www.liveatsait.ca/
숙박요금 C$60(2인실), C$175(4인실), C$175(8인실)
136 Dr Carpenter Circle NW, Calgary, AB
Tel. (403) 284-8013

로키산맥

Lake Louise Alpine Centre Hostel
로키의 중심부인 Lake Louise에 위치하며 호스텔 내의 레스토랑과 라운지가 인기 있다.
숙박요금 C$23(Dorm), C$78(2인실)
Village Rd, Box 115 Lake Louise, AB
Tel. (403) 670-7580

Banff Alpine Centre Hostel
산장 같은 느낌의 예쁜 호스텔로 다양한 스키 할인 패키지가 제공된다.
숙박요금 C$26(Dorm), C$80(2인실), C$126(4인실), C$170(6인실)
PO Box 1358, 801 Hidden Ridge way, Banff, AB
Tel. (403) 670-7580

Jasper National Park Hostel
재스퍼 시내에서 약 10분 거리로
재스퍼 국립공원을 관광하기 좋다.
숙박요금 C$20~
Whistler's Mountain (Skytram) Rd,
Box 387, Jasper, AB
Tel. 1-780-852-3215

토론토

Hi Toronto Hostel
토론토 중심에 위치해서 쇼핑이나
클럽 등 주위에 즐길 거리가 많다.
http://www.hostellingtoronto.com/
숙박요금 C$22~(Dorm), C$80~(1/2인실)
76 Church Street, Toronto, ON
Tel. (416) 971-4440

Affordable Accommodations and College Hostel
토론토의 차이나타운 근처로 모든 방에
발코니가 있다.
http://www.collegehostel.com/
숙박요금 C$22~27(Dorm),
C$50~75(1~3인실)
280 Augusta Avenue, Toronto, ON
Tollfree 1-866-663-2093
Tel. (416) 929-4777

Canadian Backpackers
타운하우스를 개조해서 만든 아담한
호스텔로 매일 아침식사로 팬케이크가
무료 제공되고 CN Tower와 도보로
약 10분 거리다.
http://www.canadianalodging.com/
숙박요금 C$27(Dorm), C$30(4인실)
C$65~85(1/2인실)
42 Widmer Street, Toronto, ON
Tollfree 1-877-215-1225
Tel. (416) 598-9090

나이아가라 폭포

Niagara Falls Hostel
저렴하고 아늑한 분위기의 호스텔로
나이아가라 폭포에서 도보로 약 20분
거리다.
http://www.hostellingniagara.com/
숙박요금 C$22(Dorm), C$39(2인실)
4549 Cataract Avenue, Niagara Falls, ON
Tel. (905) 357-0770

Backpackers nternational – Niagara Falls
고풍적인 빅토리아 풍의 건물로
나이아가라 폭포에서 도보로 약 15분
거리다. 자전거 렌탈 가능
숙박요금 C$25(Dorm), C$55(1/2인실)
4219 Huron Street, (at Zimmerman), Niagara Falls, ON
Tollfree 1-800-891-7022
Tel. (905) 357-4266

Lyons House Hostel
아담한 소규모 호스텔로 나이아가라
폭포까지 도보로 약 10분 거리다.
인근의 기차역 혹은 버스정류장에서
무료 픽업 가능
숙박요금 C$25(Dorm), C$55~65(1/2인실)
5741 McGrail Avenue, Niagara Falls, ON
Tel. (905) 354-6425

몬트리올

Montreal Hostel
몬트리올 중심에 위치해 다양한
문화시설을 쉽게 이용할 수 있다.
하키, 자전거, 바 투어 등 계절별
다양한 행사가 있다.
http://www.hostellingmontreal.com/
숙박요금 C$26(Dorm), C$65(1/2인실)
1030 Rue Mackay, Montreal, Quebec
Tel. (514) 843-3317

Montreal Backpackers
2006년에 새롭게 단장해서 비교적
깨끗한 시설을 유지하고 있으며
교통이 편리하다.
http://www.montrealbackpackers.com
숙박요금 C$23(Dorm), C$68(1인실)
901 Sherbrooke East, Montreal, Quebec
Tollfree 1-800-567-7217
Tel. (514) 522-6861

Appartements Qualitas
올림픽 스타디움과 올드 몬트리올
사이에 있는 아파트형 호스텔로 오래된
건물이지만 관리상태는 양호하다.
전화나 이메일로 예약이 꼭 필요하며
6일 숙박 시 1일 무료
http://www.qualitaspro.net/
숙박요금 C$16~(Dorm), C$31~(1인실)
2146 Rue Montgomery (2nd floor), Montreal, Quebec
Tel. (514) 448-4060

퀘백

Quebec–Auberge internationale de Quebec
퀘백의 올드 타운에 위치하며 최고의
시설과 오랜 역사를 자랑하는 유명
호스텔이다.
http://www.cisq.org/
숙박요금 C$28~(Dorm)
19 Rue Ste Ursule, QC, Quebec
Tel. (418) 694-0755

오타와

Ottawa Jail Hostel
과거 교도소로 사용되던 건물로 주위에
박물관, 갤러리 등 역사적 장소가 많다.
숙박요금 C$30(Dorm), C$52.50(1인실),
C$79.80(2인실)
75 Nicholas Street, Ottawa, ON
Tel. (613) 235-2595

002 홈스테이

Canada

홈스테이란 우리나라의 하숙과 비슷하지만, 현지인 가정에 머물면서 그 가정의 한 구성원이 된다는 점에서 좀 더 친밀한 관계라고 할 수 있다. 외국인에게는 짧은 기간에 캐나다의 문화, 습관, 그 나라의 살아있는 언어를 익힐 수 있다는 것이 장점이다. 하지만 간혹 홈스테이 생활 중 생기는 문화적 차이로 이해하지 못할 상대의 행동을 목격할 수도 있으며, 본인의 행동이 상대에게 이해되지 않을 경우도 생길 것이다. 이럴 때는 당황하지 말고 문화적 차이를 서로 잘 설명하고 이해하려 노력하자.

• 안전하고 믿을 수 있는 홈스테이
캐나다는 세계적으로 가장 안전하고 평화로운 나라 중 한 곳으로 완벽한 치안을 자랑하고 있지만, 혹시 모를 불상사를 대비해 홈스테이를 소개한 곳이 믿을만한 곳인지, 홈스테이가 위치한 지역이 안전한 지역인지, 가족 구성원들 중 학생들에게 해를 줄 수 있는 가족은 없는지 등을 꼼꼼히 확인한다.

• 위치
집에서 학교까지의 통학거리

와 주위 편의시설과의 거리가 30~40분을 초과하지 않으면 비교적 무난한 편이다. 학교가 몰려있는 다운타운은 주택가가 아니므로 보통 홈스테이에서 학교까지의 거리는 30분 정도 생각해야 한다.

• 호스트 패밀리의 영어 구사능력

캐나다는 다민족 국가이기 때문에 백인뿐만 아니라 남미, 동양계의 이민자들도 홈스테이 서비스를 제공한다. 국적이나 가정에 따라 문화, 음식, 친절도 등이 다르지만 무엇보다도 홈스테이 가족의 영어 구사능력이 가장 중요하다. 홈스테이를 선택할 때는 가족들의 영어 구사능력을 반드시 확인하고 결정하자.

• 홈스테이 비용

홈스테이의 비용은 지역별, 가정별로 차이를 보인다. 아래는 지역별 평균 비용으로 홈스테이 신청 시 지역의 평균 가격과 차이가 있는지 확인하자.

지역	밴쿠버	토론토	빅토리아	캘거리	몬트리올	핼리팩스
평균 가격	C$700~780	C$700~800	C$700~780	C$630~700	C$650~780	C$600~700

★ 19세 이상 성인, 1인실, 1일 3식 기준

• 가족 구성원

아이를 좋아하는 사람은 아이가 있는 가정에서 더욱 즐거운 생활을 할 수 있겠지만 집안이 다소 어수선한 분위기일 수 있다. 은퇴한 노부부의 가정에서는 시간이 여유로운 호스트 패밀리와 보다 많은 대화를 할 수 있지만, 단조롭고 활동적이지 못한 환경이 될 수도 있다. 이처럼 호스트 패밀리의 가족 구성원에 따라 장점이 될 수도 단점이 될 수도 있으니 자신에게 가장 적합한 홈스테이를 선택하도록 한다.

즐거운 홈스테이를 위한 기본 매너

1. 대부분 홈스테이는 지나친 음주와 실내에서의 흡연을 금하고 애완동물을 가족처럼 생각한다. 이러한 부분들을 참고해서 집안의 규칙을 준수하고 존중한다.
2. 함께 사는 동안에는 그 가족의 한 구성원임을 명심하고, 혼자만 있기보다 거실 등에서 자주 대화하도록 노력하자. 가족과의 관계를 보다 돈독하게 유지할 수 있고 영어실력 향상에도 많은 도움이 된다.
3. 저녁을 밖에서 해결하거나 귀가시간이 늦어질 때는 꼭 전화로 알려주고, 친구를 집으로 초대할 때는 미리 허락을 받는다.
4. 많은 현금이나 귀중품 등은 집에 보관하지 않도록 하고, 집안의 귀중품을 대할 때는 오해의 여지를 남기지 않도록 한다.
5. 샤워는 가능한 한 짧게 끝내고 샤워나 화장실 사용 후 뒷정리를 깨끗이 한다.
6. 국제전화카드를 이용하더라도 전화 사용은 주인과 미리 상의한다.

003 쉐어하우스 & 렌트

Canada

캐나다에 처음 왔을 때는 홈스테이 생활을 많이 하지만 한두 달이 지나면 학교와의 거리, 생활의 제약, 문화적 차이, 음식 등 여러 이유로 쉐어하우스나 아파트로 독립하는 경우가 많다. 아파트 매니저나 임대사무실과 직접 계약하는 방법과 계약기간을 만료시키지 못하고 중도에 이사하는 아파트를 넘겨받는 방법, 그리고 이미 렌트한 아파트에 룸메이트로 들어가는 방법 등이 있다.

쉐어하우스

쉐어하우스(Shared house)는 일반 주택의 방 하나를 렌트해서 주방, 욕실 등은 다른 거주자와 함께 사용하는 것이다. 일반적으로 취사도구와 식료품은 개별적으로 쓰고 냉장고는 공동으로 사용한다. 아파트가 많지 않아 상대적으로 아파트 렌트비가 비싼 토론토 지역에서 쉐어하우스를 많이 이용한다. 한 층에 보통 3~4명 정도가 함께 생활해서 아파트보다 개인공간이 부족하지만 비용이 좀더 저렴하고 월 단위로 계약할 수 있다.

• 쉐어하우스 비용
지역과 집에 따라 방세가 다양하지만 평균적으로 한 달에 약 C$350~450 정도의 방세를 내며, 식료품 비용으로 약 C$200 정도 지출한다. 보통 전화, 전기 등의 공공요금은 방값에 포함되어 있다. 노트북을 가진 사람은 별도의 비용을 부담하고 인터넷을 신청해 이용할 수 있다. (한 달 약 C$20)

렌트 & 룸메이트

학생들이 많이 모이는 식당이나 상점, 현지 유학원 등에 가보면 그곳의 게시판에서 렌트, 테이크오버(Take Over), 룸메이트 등의 많은 정보를 쉽게 구할 수 있다. 이외에 생활정보지나 교민신문 등을 통해서도 정보를 구할 수 있다. 가격과 위치, 인수조건 등을 참고해서 직접 집을 구경하고 결정하면 된다.

• 렌트 비용
아파트를 렌트했을 때 매달 들어가는 비용에는 아파트 렌트비(약 C$700~900), 케이블 TV/인터넷(약 C$60), 전화요금(약 C$30), 전기요금(약 C$20) 등이 있다. 이외에 지출하는 비용은 음식값과 개인 용돈 정도다. 사람마다 차이가 있겠지만 식료품 비용은 보통 1인당 한 달

약 C$200 정도가 든다. 원베드룸 아파트의 방과 거실에 한 명씩 총 두 명이 생활하면 1인 한 달 평균 비용은 다음과 같이 약 C$655 정도가 나온다.
예) 렌트비 C$800 + 공공요금 C$110 = C$910 ÷ 2 = C$455 + C$200(식료품) = 총 C$655

지역	밴쿠버	토론토	빅토리아	캘거리	몬트리올	핼리팩스
평균 가격	C$800~1,000	C$900~1,300	C$700~900	C$800~1,000	C$750~900	C$550~700

★ 원베드룸 아파트 - 방 1개, 거실, 주방, 공동세탁실 기준

• 계약기간
대부분의 아파트 계약기간은 1년 이상이다. 계약기간을 채우지 못하면 여러 불이익을 당할 수 있으며, 중간에 타인에게 양도하기도 하지만 처음부터 단기체류가 목적이라면 렌트보다 룸메이트로 들어가는 것이 현명하다.

• 보증금(Security Deposit)
한국의 보증금과 같은 개념으로 처음 입주할 때 한 달 렌트비의 절반에 해당하는 금액을 보증금으로 낸다. 이 금액은 계약종료 후 아파트를 떠날 때 Check(당좌수표)로 환불받게 되는데, 이사 후 돈을 받을 때까지 약 10-15일 정도가 소요되므로 한국으로 바로 돌아가는 사람은 한국주소를 알려주도록 한다. 이사할 때 아파트에 파손이 있거나 청소 상태가 입주 시와 다를 경우에는 해당 보수비나 용역비용을 이 금액에서 제하게 된다.

• 테이크오버(Take Over)
다른 사람이 살던 아파트를 인수해서 이사하는 경우에는 본인의 인수 사실을 꼭 아파트 매니저에게 알리고 서류상의 아파트 계약문제 등을 확실하게 마무리한다. 이후 아파트에 관련된 모든 책임은 자신이 져야 하므로 물품의 파손, 물품목록이 정확한지도 꼼꼼히 잘 살펴 이후에 불미스러운 일이 발생하지 않도록 한다.

렌트 후 신청할 서비스

• 전화

가까운 전화국에 직접 방문해서 서비스를 신청할 수 있으며 여권, 집 주소, 신용카드와 함께 보증인 두 명의 전화번호가 필요하다. 신용카드가 없는 경우 약 C$200 정도의 보증금(Deposit)을 맡겨야 하는데 서비스를 중단할 때 돌려받을 수 있다. 첫 신청은 약 C$40 정도의 설치비(Installation Charge)를 내야 하며 첫 달 전화요금과 함께 청구된다.

• TV/인터넷

캐나다에서는 보통 케이블 TV와 인터넷을 한곳에서 신청하며 간혹 행사를 통한 할인 서비스도 있으니 가입신청 시 확인해보자. 처음엔 역시 약 C$40 정도의 설치비를 내야 하며 인터넷은 모뎀(약 C$60)을 사야 한다.

• 전기

전화로 신청할 수 있으며 신청 후 C$100 정도의 보증금을 요구하는 청구서가 우편으로 오는데, 당좌수표를 작성해서 우편으로 보내면 된다.

생활용품 사기

완전히 빈 아파트를 계약해서 입주하는 경우에는 가구, 전자제품, 생활집기 등을 모두 사야 한다. 저렴하게 살림을 장만하려면 주위에 열리는 Garage sale이나 벼룩시장 등을 이용할 수 있다. 하지만 중고물품을 살 때는 물품 운반에 대한 부분도 반드시 함께 고려해야 한다. 간혹 침대나 소파 등 부피가 큰 물건을 운반할 경우 친구들의 도움을 받아 자신이 직접 옮기는 것이 더 저렴하다. 새 물품을 사서 사용하다가 연수를 마치고 테이크오버 등을 통해 다시 팔고 돌아오는 것도 좋은 방법이다.

다른 사람이 살던 아파트의 가구와 물품 등을 테이크오버할 경우 인수가격은 물건들의 상태에 따라 많은 차이를 보인다. 보통 침대, 식탁, 소파 등의 가구와 TV, VTR, 전화, 진공청소기 등의 전자제품, 주방기기 등 생활에 필요한 모든 집기들을 인수한다면 약 C$1,000~2,000 정도 생각하면 된다. 냉장고와 오븐은 아파트에 기본적으로 갖추어져 있으며, 보통 지하에 공동으로 사용하는 코인 세탁기가 마련되어 있다. 만약 룸메이트로 들어가는 경우라면 집을 렌트한 사람에 의해 모든 집기들이 갖추어져 있는 것이 일반적이다.

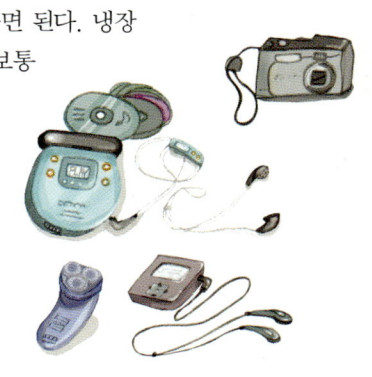

내 인생을 바꾸는 캐나다에서 홀로서기

캐나다 생활안내
Part 04

Canada

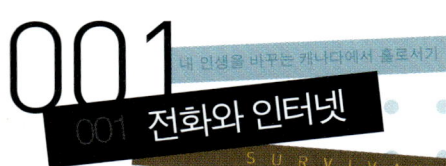

001 전화와 인터넷

전화 이용 시 캐나다와 한국의 차이점은 지역 내 시내전화도 지역번호를 포함한 10자리 전화번호를 모두 눌러야 한다는 것이다. 예를 들어 밴쿠버 시내에서 밴쿠버 시내로 전화할 때도 밴쿠버의 지역번호 604와 뒤의 7자리 000-0000 전화번호를 모두 눌러야 한다. 일부 지역은 지역번호를 누르지 않아도 통화가 가능하지만 가능한 10자리 모든 번호를 누르고 통화하는 것이 지역이동 시 혼동 없이 이용할 수 있다. 캐나다 내에서 다른 도시로 시외전화를 걸 경우 국가번호 1번과 지역번호 3자리 그리고 뒤의 7자리 전화번호까지 눌러야 한다.

캐나다 도시별 지역번호
- 밴쿠버: 604
- 빅토리아/킬로나/캠루프스: 250
- 토론토: 416
- 해밀턴: 905
- 오타와: 613
- 캘거리: 403
- 에드먼턴: 780
- 몬트리올: 514
- 핼리팩스: 902
- 위니펙: 204
- 새스커툰/리자이나: 306

예) 밴쿠버에서 밴쿠버 시내전화
604 + ○○○-○○○○

밴쿠버에서 토론토로 시외전화
1 + 416 + ○○○-○○○○

공중전화

캐나다의 공중전화는 동전과 신용카드로도 통화할 수 있다. 지역 내 한 번의 시내통화를 위한 공중전화요금은 밴쿠버, 토론토, 빅토리아, 몬트리올은 50센트, 캘거리는 35센트다. 기본요금으로 시내전화는 시간제한 없이 통화할 수 있다. 잔돈은 반환되지 않기 때문에 통화에 필요한 정확한 금액을 준비하는 것이 좋다. 시외통화의 경우 각 지역과의 거리별로 이용요금이 차이 난다.

일반전화

캐나다의 일반 유선전화는 양대 메이저 통신사인 Bell Canada와 Tellus에 의해 운영된다. 집 전화로 국제전화를 바로 걸면 상당히 비싸므로, 국제전화 선불카드를 사거나 국제전화 할인 서비스에 가입해서 사용하는 것이 좋다.

• 전화 설치
여권, 주소, 신용카드(혹은 C$200 상당의 보증금), 2인의 보증인 정보(이름, 주소, 전화번호)를 갖고 각 지역 통신사 사무실을 방문해서 가입신청한다. (초기 가입비용 약 C$50)

• 요금
1개월 기본료 한 달 C$20~27
(시내통화 무제한 사용, 시외통화는 별도 요금 부과)

• 해지
한국으로 돌아갈 때 전화국을 방문해서 해지통보를 하지 않으면 요금이 계속 연체되어 추후 캐나다 재입국 시 문제가 발생할 수 있다. 현금으로 보증금을 납부한 사람은 해지신청 약 1개월 후 우편으로 보증금이 수표로 발송된다.

국제전화 선불카드

국제전화를 거는 가장 저렴한 방법으로 카드의 핀넘버를 이용해 전화를 건다. 한국과 캐나다의 많은 통신회사가 다양한 금액과 종류의 카드를 판매하고 있으며, 공중전화, 유선전화, 휴대전화 등 어떤 전화를 이용해서도 전화를 걸 수 있다.
- 구입처: 편의점, 식당, 유학원, 학교 등
- 요금: 1분 10센트(약 9원) 이하
- 이용: 카드 뒷면에 나오는 지역별 접속번호로 전화한 후 핀넘버를 입력하고 한국 국가번호 82와 0을 제외한 지역번호, 전화번호 순으로 누른다.

휴대전화

캐나다의 대표적인 휴대전화 통신사에는 Bell Canada, Fido, Rogers, Telus가 있다. 한국학생들은 주로 Bell Canada와 Fido를 많이 이용한다. 요금제는 일정 기간 계약한 후 이용요금을 후불로 내는 Monthly Plan과 일정 금액을 선불로 충전해 사용하는 Pre-paid Plan이 있다.

1) Monthly Plan
요금제에 따라 일정 시간의 무료통화가 제공되고, 시간을 초과해 사용하는 경우 분당 30센트 정도가 부과된다. 가입 시 계약하는 기간에 따라 전화기와 요금의 할인율이 달라지므로 체류기간을 잘 고려하는 것이 좋다.
- 비용: 휴대전화 가격(약 C$50) + 기본요금(C$30~60) + 추가이용요금 (학생들의 한 달 사용금액은 C$40~60 정도)

2) Pre-paid Plan
체류기간이 3개월 미만이거나 신용카드가 없는 경우에 주로 사용하며, 가입조건과 절차가 쉽고 간편하다는 장점이 있지만 부가혜택 없이 통화량에 따라 요금이 부과되기 때문에 장기간 사용하면 많은 통화료를 부담해야 하는 단점이 있다.
- 비용: 휴대전화 가격(약 C$100) + 선불형 충전카드 구매금액 (C$10, 20, 30, 50) (충전카드는 세븐일레븐 등의 편의점이나 각 통신사 매장에서 살 수 있다.)

최근 캐나다 통신사들의 국제학생들에 대한 적극적인 운영으로 Monthly Plan 가입이 어렵지 않아 단기 여행자를 제외한 Pre-paid Plan 사용자가 많지 않다. 캐나다에서 휴대전화를 이용하면 한국과는 달리 상대방으로부터 걸려온 전화 역시 요금이 부과되기 때문에 불필요한 수신전화 사용은 피하는 것이 현명하다. 문자메시지를 활용하거나 각 통신사의 '수신 무제한 요금제'를 선택하면 보다 저렴하게 휴대전화를 이용할 수 있다. 최근 Bell Canada에서 제공하는 'Solo 수신 무제한 요금제'가 학생들에게 높은 선호도를 보이고 있다. 캐나다 휴대전화의 구매는 현지의 통신회사 대리점을 직접 방문하거나 출발 전 한국에 있는 휴대전화 서비스 가입대행업체를 통해 미리 계약할 수 있다. 휴대전화 가입 시에는 신용카드와 현지 연락처가 필요하며, 캐나다에 도착 후 돌아가는 학생으로부터 중고를 산 후 명의 변경을 할 수도 있다.

Cellular Phone

Jenny: Hello, I would like to buy a cell phone.
제니: 저기, 휴대전화를 사려고 하는데요.

Staff: What kind of phone would you like? There are pre-paid phones and monthly plan phones.
직원: 어떤 종류의 전화기를 원하세요? 선불카드 전화기와 정액제 전화기가 있어요.

Jenny: I'm going to use it for 1 year. The monthly plan sounds better.
제니: 1년 정도 사용할 거니까 정액제가 좋을 것 같아요.

Staff: OK, Pick any cell phone among these models. Are you a student?
직원: 네, 여기 있는 전화기 중에 골라보세요. 학생인가요?

Jenny: Yes, I am. Which one do you recommend?
제니: 네, 어떤 걸 추천하세요?

Staff: Why don't you get this model with the $30 monthly plan? You can use the phone for 30 hours from 8 am to 7pm on weekdays and unlimited on weekends and evenings. It's free between Fido and Fido.
직원: 월 30불 정액제가 어떤가요? 평일 오전 8시부터 오후 7시까지 한 달 30시간 이용할 수 있고, 주말과 저녁에는 무제한입니다. 그리고 Fido와 Fido 끼리 통화도 무제한이고요.

Jenny: That sounds good. I'll take it. How much is it?
제니: 이게 저한테 잘 맞겠는데요. 그걸로 할게요. 얼마죠?

Staff: It's $100. Can I have your address and credit card?
(handwritten: 120,000)
직원: $100이에요. 집 주소와 신용카드를 주시겠어요?

Jenny: Yes, Here it is.
제니: 네 여기 있습니다.

Staff: One moment, please. Here is your cell phone. You can use it now.
직원: 잠시만요. 여기 전화기 받으세요. 지금부터 바로 이용하실 수 있어요.

인터넷 이용

인터넷은 대부분 영어학교에서 무료로 사용할 수 있으며 인터넷카페에서 유료로 이용할 수도 있다. 밴쿠버, 토론토 등의 대도시에서는 한국인이 운영하는 PC방 역시 쉽게 찾을 수 있으며 이곳에서는 한국어가 완벽하게 지원된다. (이용요금: 1시간 $1.5~2) 한국어가 지원되지 않는 컴퓨터에서는 한글지원 프로그램을 내려받아 사용하면 된다.

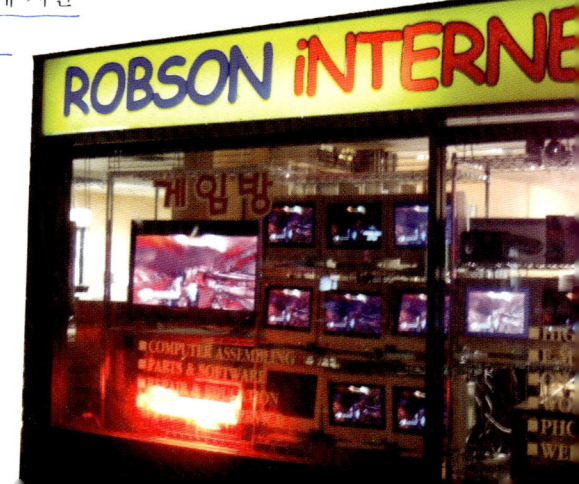

한글지원 프로그램 내려받기

1) MS의 홈페이지에 접속 http://www.microsoft.com
2) Serch 메뉴를 클릭 후 검색어 창에서 Global IME를 입력
3) 다운로드 메뉴 클릭 후 Korean(Plus language pack)을 선택 후 파일 전송
4) 윈도우를 재실행 (모니터 오른쪽 구석에 EN 메뉴가 생성됨)
5) 익스플로러를 다시 실행하고 나서 View 메뉴에서 Font를 눌러 Korean을 선택하면 홈페이지가 한글로 나타난다. (이 기능은 익스플로러 4.0 이상에서만 사용 가능)

노트북을 가진 학생은 캐나다의 인터넷 서비스를 신청해서 이용할 수 있다. 대표적인 인터넷 서비스 회사로는 Tellus와 Shaw가 있으며 거주하는 각 지역에서 해당 지점을 쉽게 찾을 수 있다. 초기 설치비용은 가입비와 설치비를 포함해 약 C$60(모뎀구입비 별도) 정도 소요되며, 한 달에 약 20달러 정도 이용요금이 부과된다. 홈스테이 가정에서 인터넷을 이용하고 있는 경우 추가 라인을 설치하는 방법으로 설치비 없이 한 달 약 5달러 정도 이용료로 저렴하게 인터넷을 사용할 수도 있다. 무선랜이 설치된 노트북으로 도서관이나 카페 등에서 무선 인터넷을 이용할 수도 있다.

우체국 이용

캐나다에서는 한국처럼 독립된 우체국보다 대형마트나 쇼핑몰 등의 한구석에 자리한 우편물 코너를 쉽게 볼 수 있다. Express mail(빠른우편), 분실방지를 위한 Registered mail(등기우편), 그리고 Regular mail(일반우편) 등으로 크게 나눌 수 있으며, 캐나다에서 한국으로 발송하면 도착까지는 빠른우편이 3~4일 정도, 등기우편과 일반우편이 약 10일 정도 소요된다. 이외에 빠른우편이나 소포의 경우 Fedex, DHL 등의 특급 서비스 수단을 이용할 수 있다.

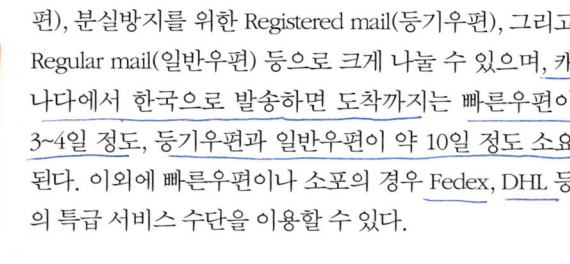

002 은행 이용하기

캐나다 동전 명칭
캐나다에서는 동전의 금액단위보다 동전별 고유명칭을 주로 사용한다.
1c - Penny, 5c - Nickle
10c - Dime, 25c - Quarter
$1 - Loonie, $2 - Toonie

캐나다에서는 캐나다 고유의 캐나다 달러가 통용되며 $1는 약 950원 정도다. 통화단위에는 $5, $10, $20, $50, $100, $500, $1,000 지폐와 1c, 5c, 10c, 25c, $1, $2의 동전이 있다. 고액지폐인 $500과 $1,000권은 거의 유통되지 않으며, $100 지폐 역시 일반 소매상점 등에서는 사용이 불편할 수 있으므로 소액권 지폐를 준비하는 것이 좋다. 공중전화에는 5c, 10c, 25c의 동전이, 자동판매기에는 25c 이상의 동전이 일반적으로 사용된다. 캐나다 대부분 상점에서 미국달러가 통용되기도 하지만 미국달러 이용 시 환전 수수료 등을 포함한 금액으로 계산하므로 사용에 불리하고 간혹 미국달러를 받지 않는 곳도 있다.

캐나다의 은행 서비스

캐나다의 대표적인 은행으로는 Royal Bank, Scotiabank, TD Canada Trust, Bank of Montreal, HSBC 등이 있다. 캐나다의 은행은 오후 3~4시까지만 영업을 한다. 은행계좌 개설에는 약 1시간 정도의 시간이 소요되며, 2가지 이상의 신분증(여권, 신용카드, 국제학생증, 국제운전면허증)이 필요하다. 캐나다에서는 통장(Bank Book)을 만드는 경우가 드물고 직불카드(Debit Card/Interac Card)의 사용이 일반적이다. 한국과 달리 매달 일정 금액의 계좌유지

비용이 필요하며, 계좌의 종류에 따라 무료 이용횟수와 수수료를 차등 지급하므로 이용횟수와 예치금액 등을 예상해서 가장 효과적인 종류의 계좌를 선택하는 것이 좋다. 거래내용의 확인은 통장을 이용하는 방법(유료)과 한 달에 한 번 우편으로 거래내용을 통보받는 방법(무료) 중 선택할 수 있으며 인터넷뱅킹 역시 신청할 수 있다.

> **캐나다 대표 은행**
> Royal Bank of Canada (RBC)
> http://www.royalbank.com
> TD Canada Trust
> http://www.tdcanadatrust.com
> Bank of Montreal (BMO)
> http://www.bmo.com
> Scotiabank
> http://www.scotiabank.com
> HSBC Bank Canada
> http://www.hsbc.ca

은행계좌 개설하기

은행계좌를 개설할 때는 주위에 현금인출기가 많은 은행을 선택하자. 은행마다 내는 계좌유지비용과 수수료가 다르지만 타 은행 ATM을 이용하는 경우 약 C$1~2 정도의 추가 수수료를 부담해야 하므로 현금인출기가 많은 은행의 계좌를 개설하는 것이 좋다.

1) 두 가지 이상의 신분증(여권, 신용카드, 국제학생증, 국제운전면허증, 학생 비자, 학교 입학허가서 등)을 지참하고 해당 은행을 방문한다.
2) 접수대에서 은행계좌 개설을 요구하고 은행에서 제시하는 신청서를 작성한다. 신청서를 작성하려면 주소와 연락처 등이 필요하다.
3) 담당 직원과 계좌 개설을 위한 개별상담을 하면서 계좌 종류, 개인수표 사용, 계좌 거래내용 확인 방법(통장이용 or 거래명세서), 인터넷뱅킹 사용 등에 대한 설명을 듣는다.
4) 계좌타입을 선택한 후 직불카드의 비밀번호를 지정하고, 입금할 돈이 있으면 입금한다.
5) 직불카드와 임시 개인수표 등을 바로 받아서 약 3시간 후면 사용할 수 있다. 일부 은행은 약 2주 후 직불카드가 우편으로 도착해서 먼저 임시카드를 주기도 한다.
6) 직불카드를 받으면 ATM에서 잔고를 확인해보고, 인터넷뱅킹을 신청한 사람은 인터넷에 접속해서 임시 비밀번호를 정상적인 비밀번호로 전환한다.

> **계좌별 유지비용**
> 계좌유지비용이 비싸면 은행 서비스 무료이용횟수(입/출금, 직불카드 이용)가 많고, 계좌유지비용이 저렴하면 무료이용횟수가 적다. 무료이용횟수 초과 시에는 추가 수수료를 내야 한다.
>
> **계좌 입출금 내용 확인**
> 통장으로 내용을 확인하면 한 달 약 C$2 정도의 수수료가 청구되고, 통장을 쓰지 않아도 매달 거래명세서가 집으로 무료 발송된다.

Bank Account

Jenny: Hello, I would like to open an account.
제니: 안녕하세요, 계좌를 개설하고 싶습니다.

Staff: OK. You need to fill out this registration form.
은행원: 네, 여기 계좌 개설 신청서를 작성해주세요.

Jenny: Here we go. I've filled it out.
제니: 여기, 다 작성했어요.

Staff: You need 2 pieces of photo ID to open an account.
은행원: 은행계좌를 개설하려면 사진이 있는 ID 2개가 필요합니다.

Jenny: I have my passport and credit card.
제니: 여권과 신용카드를 가지고 있는데요.

Staff: That's OK. I need your address and phone number as well.   = well)
은행원: 네, 좋아요. 그리고 주소와 연락처도 알려주세요.

Jenny: Here you are. It's my homestay address.
제니: 여기 있어요. 이건 제 홈스테이 주소에요.

Staff: What kind of account would you like to open? A savings account is good for long term savings and a chequing account is good for frequent deposits and withdrawls.
은행원: 어떤 계좌로 하실 건가요? 저축예금은 장기예금에 유리하고 당좌예금은 자주 입출금하기에 좋아요.

Jenny: I'll open a chequing account then. What kind of personal cheques do you have?
제니: 그럼 당좌예금으로 할게요. 개인수표는 어떤 종류가 있나요?

Staff: You can choose one of these samples.
은행원: 여기 샘플 중 원하는 걸 선택하시면 됩니다.

Jenny: I'll get 50 cheques of this design.
제니: 네, 이 디자인으로 50매 살게요.

Staff: We need to set up a pin number for your debit card. Could you enter a 4 digit pin number?
은행원: 직불카드의 비밀번호를 설정해야 합니다. 여기 키패드에 4자리 숫자의 비밀번호를 입력해주세요.

Jenny: OK. I did.

제니: 네, 눌렀습니다.

Staff: Here is your debit card. You can use it after this afternoon. The personal cheques will be delivered in 2 weeks.
은행원: 여기 직불카드 받으세요. 오늘 오후부터 카드를 이용하실 수 있고, 수표는 2주 후 배달됩니다.

Jenny: Thank you.
제니: 네, 감사합니다.

은행계좌 종류

Saving Account: 한국의 정기예금/적금과 비슷한 성격의 계좌로 예치금에 대한 이자는 높지만 일반적인 입/출금 서비스는 Chequing Account에 비해 높은 수수료가 부과된다.

Chequing Account: 한국의 보통예금과 비슷한 성격의 계좌로 입/출금을 자유롭게 할 수 있다. 학생들에게 적합하며 한 달 계좌유지비용과 무료이용횟수에 따라 더 세분화된다.

Royal Bank의 Chequing Account 종류

	한 달 유지비용	무료이용횟수	초과 시 수수료
Day to Day Banking	C$4	15회	건당 C$0.50
No Limit Banking	C$11.95	무제한	N/A

TD Canada Trust의 Chequing Account 종류

	한 달 유지비용	무료이용횟수	초과 시 수수료
Value Account	C$3.95	10회	건당 C$0.65
Value Plus Account	C$8.95	25회	건당 C$0.65
Infinity Account	C$12.95	무제한	무제한

Scotiabank의 Chequing Account 종류

	한 달 유지비용	무료이용횟수	초과 시 수수료
Powerchequing	C$3.95	15회	건당 C$0.65
Scotia One	C$9.95	무제한	N/A

Bank of Montreal Chequing Account 종류

	한 달 유지비용	무료이용횟수	초과 시 수수료
Practical Plan	C$4	10회	건당 C$0.60
Plus Plan	C$8.50	30회	건당 C$0.60
Performance Plan	C$13.95	무제한	N/A

HSBC Chequing Account 종류

	한 달 유지비용	무료이용횟수	초과 시 수수료
Performance Limited	C$4	10회	건당 C$0.50~1
Performance Standard	C$6.50	30회	건당 C$0.50~1
Performance Unlimited	C$11.95	무제한	N/A

 ★ 위 표는 일반 계좌 개설 요금으로 캐나다에서는 은행별/지점별로 국제학생에게 학생계좌(Student Account) 개설을 허용하는 곳도 있다. 학생계좌 개설은 더 저렴한 요금이 가능하다.

직불카드 사용하기

캐나다에서는 물건을 사거나 서비스를 이용하고 비용을 지급할 때 직불카드의 사용이 아주 보편적이다. 동네의 작은 식료품점, 편의점, 커피전문점, 식당, 각종 입장료 등 거의 모든 장소에서 직불카드를 사용하는 모습을 쉽게 볼 수 있다. 직불카드 사용의 일반화로 고액권 현금(C$50, C$100) 사용이 드물고 도난이나 분실 우려가 있는 현금 소지의 부담이 줄어들었다.

개인수표 사용하기

캐나다에서 우리에게 다소 생소한 것 중 하나가 바로 개인수표 사용이다. 학비, 렌트비 등 고액을 지급할 때 자신의 이름과 주소가 기재된 개인수표에 금액을 기재하고 서명한 후 수취인에게 지급할 수 있다. 수취인은 수표를 자신의 계좌에 입금함으로써 은행을 통해 해당 금액을 지불받게 된다. 간혹 계산착오나 실수로 잔고가 개인수표 발행 금액에 미치지 못하는 경우 수취인은 은행으로부터 해당 금액을 받을 수 없고,

발행인은 벌금 부과와 함께 신용도(Credit)에 큰 문제가 발생하므로 수표를 발행할 때는 주의를 기울여야 한다. 반대로 수표를 받을 때에는 신용할 수 있는 상대로부터만 수표를 수취하도록 한다.

1) 은행계좌 개설 시 개인수표 신청과 수취
은행에 갖춰진 수표 샘플 중에서 원하는 디자인을 고른다. (50매 묶음 약 C$20) 주문한 수표는 약 2주 후 우편으로 배달되고 그 사이에 사용할 임시수표를 5장 정도 무료로 발급받는다.

2) 개인수표 작성 및 지급
은행에서 발행된 개인수표의 빈칸들을 수기로 작성 후 수취인에게 지급한다.

- Date 란에는 발행날짜 기재
  예) Mar. 15, 2008
- Pay to the order of 란에는 개인수표 수취인의 이름 혹은 상호 기재
  예) Charles Moor 또는 Pacific Language Institute Inc.
- Pay to the order of 란 옆의 $표기가 있는 작은 칸에는 아라비아 숫자로 해당 금액 기재
  예) $450 또는 $52.80
- Pay to the order of 란 아래의 밑줄 위에는 알파벳 글자로 해당 금액 기재. 센트 단위는 백분율 숫자로 기재
  예) Four hundred fifty and none 또는 Fifty two and 80/100

3) 사용내용 기재
수표 사용 후에는 필요할 때 다시 확인할 수 있도록 내역을 반드시 기재해서 보관한다. 수표에 따라 수표 밑장이 먹지로 되어 있어서 별도의 기재 없이 내역 보관이 가능한 수표도 있으며 개별적으로 작성해야 하는 수표도 있다.

4) 은행계좌에서 금액 이체
수취인이 자신의 계좌에 수표를 입금하면 발행인의 은행계좌에서 해당 금액이 인출되어 수표 수취인의 계좌로 이체된다.

국제 송금

송금방법에는 크게 2가지가 있는데 한국의 은행에서 캐나다의 은행으로 직접 송금하는 것과 한국에서 한국의 자기 계좌로 송금해서 캐나다의 ATM에서 인출하는 방법이다. 한국에서 캐나다로 바로 송금해도 수수료가 발생하므로 후자가 더 편하다고 볼 수 있다.

> **송금을 위해 필요한 정보**
> **캐나다 은행** (Beneficiary's Bank)
> 은행명, 주소, 거래번호(Transit No.), 계좌번호(Account No.)
>
> **수취인** (Beneficiary)
> 영문이름, 캐나다 주소, 전화번호

1) 한국에서 캐나다로 직접 송금하기

한국의 모든 은행에서는 캐나다의 각 은행으로 국제 송금을 할 수 있다. 송금할 때는 캐나다에 계좌를 둔 은행정보와 수취인의 영문이름, 캐나다 주소, 전화번호 등이 필요하다. 한국에서 송금하면 약 1~2일 후 캐나다 은행에서 돈을 찾을 수 있다. (송금 수수료: 한국의 은행 납부 수수료 15,000~20,000원 + 캐나다 은행 수수료 C$15~30)

2) 한국의 직불카드 이용하기

한국에서 국제직불카드를 가져온 사람은 더 저렴하고 간편한 방법으로 한국으로부터 송금받을 수 있다. 자신의 직불카드가 있는 은행계좌로 필요한 금액을 한국에서 이체하면 돈을 받는 사람은 국제직불카드를 이용해 캐나다의 ATM에서 돈을 찾아 바로 사용할 수 있으며, 다시 캐나다의 은행에 입금해도 된다. 최근 한국의 은행들은 외국에서 사용 가능한 다양한 국제직불카드를 제공하고 있으며 학생들은 이 방법으로 간편하게 저렴한 수수료로 이용할 수 있다.

- 수수료: 인출 건당 3,000~5,000원 + 인출금액의 약 0.1%

외환은행

밴쿠버
1. 100-4900 Kingsway, Burnaby (버나비 지점 - 메트로타운 옆) Tel: 604-432-1984
2. 202A-4501 North Road, Burnaby (코퀴틀람 지점 - 한남슈퍼마켓 2층) Tel: 604-420-0019
3. 590 Robson Street, Vancouver (다운타운 지점 - 한아름마트 내) Tel: 604-609-2700

토론토
1. Suite 103, Madison Centre, 4950 Yonge Street, Toronto (Sheppard 역) Tel: 416-222-6500
2. 627 Bloor Street, West, Toronto (남부 코리아타운) Tel: 416-533-8593
3. 120-90 Burnhamthorpe Rd West, Mississauga (서부 Square one 쇼핑몰 남쪽) Tel: 905-272-3130
4. 7670 Yonge Street, Suite 5, Thornhill (북부 Yonge & John st.) Tel: 905-707-7001

캘거리
1935 37st SW Suite 110, Calgary (Mallopoly 쇼핑센터) Tel: 403-398-7070

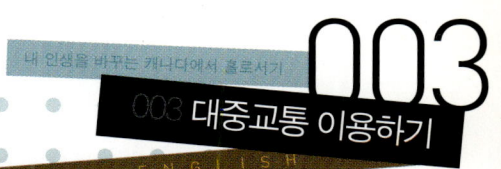

003 대중교통 이용하기

SURVIVAL ENGLISH

Canada

캐나다에서는 한 번 요금을 내면 일정 시간 동안 추가 요금 없이 모든 대중교통수단을 이용할 수 있으며, 한 도시의 대중교통수단을 한 달 동안 제한 없이 이용할 수 있는 월 정액권(Monthly pass)도 있다. 버스에서 내릴 때는 출구 앞에서 한 계단 내려가야(Step down) 한다는 등 한국에서는 볼 수 없는 캐나다 대중교통만의 특징이 있으므로 미리 이해하고 캐나다에 간다면 무지로 생길 수 있는 혼동을 방지할 수 있다.

밴쿠버

밴쿠버의 대중교통수단에는 버스, 스카이트레인, 씨버스 이렇게 3가지가 있다. 스카이트레인(Sky Train)은 우리나라의 전철과 비슷하며, 씨버스(Sea Bus)는 다운타운과 노스밴쿠버를 연결하는 선박이다. 승차 시 받는 승차권으로 90분 동안 해당 요금의 구간을 추가 요금 없이 다른 교통편으로 환승할 수 있다. 관광안내소(Tourist Information)에서 버스 시간표와 스카이트레인 노선도를 쉽게 얻을 수 있으니 밴쿠버에 도착하면 바로 구하도록 한다.

http://www.translink.bc.ca/

버스

버스는 현금과 월 정액권으로 탈 수 있으며 현금 승차 시 Transfer, please! 라고 말하고 환승티켓을 받으면 90분 이내에 다른 교통수단으로 갈아탈 수 있다. 우리나라처럼 앞문으로 승차하고 뒷문으로 하

차하며, 내릴 때는 창문 위쪽의 줄을 잡아당겨 Next Stop에 불이 들어오게 한다. 버스가 정차하면 뒷문에 Step Down이라고 적힌 버스에서는 아래로 한 칸 내려서고, Push the Bar라고 적힌 버스에서는 문에 장착된 Bar를 밀면 문이 열린다. 버스 중에 Express라고 표기된 버스는 큰 정류장 몇 곳만 서는 직행버스다.

스카이트레인

지하철과 달리 지상으로 운행하는 구간이 많아 스카이트레인(Sky Train)이라는 이름으로 불리며 Expo line과 Millennium line, 그리고 2009년 새로 개통된 Canada Line 세 개의 노선으로 구성된다. Expo line은 다운타운에서 남서쪽 방향으로 서리(Surrey) 지역까지 운행하며, Millennium line은 다운타운에서 Broadway station까지는 Expo line과 같고 이후 버나비(Burnaby) 지역과 뉴 웨스트민스터(New Westminster) 지역까지 순환한다. Canada Line은 밴쿠버 공항(Vancouver Airport)에서 워터프론트(Waterfromt) 역까지 운행한다. 스카이트레인의 모든 역은 버스 및 씨버스와 연결되고 운행간격은 2~5분가량이다. 현금 승차 시 티켓은 전철역 입구의 무인 판매대에서 구입할 수 있다.

씨버스

밴쿠버의 독특한 교통수단인 씨버스(Sea Bus)는 해안 지역인 밴쿠버의 특성에 의해 생겨났다. 다운타운의 스카이트레인 역 중 한 곳인 워터프론트와 노스밴쿠버의 론스데일 퀘이(Lonsdale Quay)를 연결하며 운행 시간은 약 12분이다. 자전거를 가지고 승차할 수 있으며 노스밴쿠버에서 다운타운으로 출퇴근하는 직장인이나 통학하는 학생들이 많이 이용한다. 현금 승차 시 티켓은 씨버스 터미널의 무인 판매대에서 살 수 있다.

환승 시스템

캐나다 대중교통의 가장 큰 특징 중 하나가 환승이다. 일회용 승차권을 사면 90분 동안 몇 번이라도 다른 대중교통수단으로 갈아탈 수 있다. 버스에 탈 때 Transfer, please! 라고 말하면 운전기사가 유효시간이 찍힌 티켓을 준다. 처음 승차 때 버스가 아니라 무인 판매대에서 표를 샀거나 가지고 있는 표가 FareSaver Ticket이라면 Validator라고 적힌 곳에 넣어 인쇄되는 시간까지 이용하면 된다.

밴쿠버의 요금체계

밴쿠버는 1/2/3존(Zone)으로 나누어져 이동거리에 따라 요금이 결정된다. 같은 존 안에서 이동할 때는 1존(한 구간)이고, 2존에서 3존으로 이동할 때는 2존(두 구간), 1존에서 3존으로 이동할때는 3존(세 구간)의 요금을 낸다. 오후 6시 30분

이후와 토요일과 일요일, 공휴일에는 존의 구분 없이 모두 1존의 요금이 적용된다. 버스는 거스름돈을 남겨주지 않으므로 정확한 요금을 미리 준비해서 운전기사에게 내고, 스카이트레인과 씨버스는 무인 판매대에서 표를 산다.

• FareSaver Tickets(10장 묶음): 10매씩 묶어서 할인된 가격에 파는 승차권이다. 한 장씩 사용하면 되고 1/2/3존 구간별로 가격이 다르다. 대중교통을 정기적으로 이용하지 않고 몇 회만 이용할 사람들에게 경제적이다. (1회 구매 요금보다 10% 저렴한 가격) 전철역과 7 Eleven, Safeway 등 FareDealer가 적힌 곳에서 판매한다.

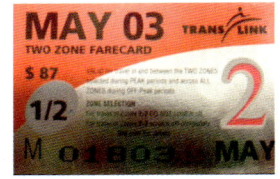

• Monthly FareCard(정액권): 매월 1일부터 월말까지 한 달 동안 제한 없이 이용하는 승차권이다. 1/2/3존 구간별로 가격이 다르며 승차 시 운전사에게 정액권을 보여주고 승차한다. 구입일 기준으로 한 달 사용이 아니라 매월 1일부터 유효한 승차권이므로 월초나 월말에 사는 것이 좋다. 중순부터 승차권이 필요한 사람은 현금 승차나 10장 묶음 티켓을 이용하는 것이 경제적일 수 있으므로 비용을 비교해보고 사도록 하자.

• 구간별 요금 (2010년 01월 기준)

구간	현금 승차 (Cash)	정액권 (Monthly Card)	10장 묶음 (FareSaver Ticket)	1일 권 (Day pass)
1 Zone	C$ 2.50	C$ 73	C$ 19.0	
2 Zone	C$ 3.75	C$ 99	C$ 28.5	C$ 9
3 Zone	C$ 5.00	C$ 136	C$ 38.0	

★ 평일 오후 6:30 이후, 토요일, 일요일, 공휴일에는 구간에 관계없이 현금 승차 요금 C$2.50

토론토

토론토의 대중교통수단에는 지하로 승객을 운송하는 지하철(subway)과 지상으로 승객을 운송하는 버스(Bus)와 전차(Street car)가 있다. 이 3가지 교통수단은 모두 TTC(Toronto Transit Commission)라는 회사의 관리 하에 운영되므로 한 번 요금을 내고 환승권을 받으면 같은 방향으로 이동하는 경우 다른 교통수단으로 그냥 갈아탈 수 있다. 하지만 반대방향으로 되돌아갈 때는 요금을 다시 내야 한다. 토론토는 캐나다에서 가장 번화하고 복잡한 도시이므로 관광안내소에서 TTC의 지하철, 버스, 전차의 노선도를 미리 받아두는 것이 좋다.
http://www.toronto.ca/ttc/

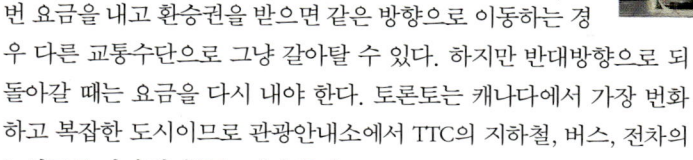

지하철

토론토의 지하철은 남북을 U자 모양으로 연결하는 노란색의 영 라인(Yonge-University-Spadina Line)과 동서를 길게 연결하는 초록색의 블루어 라인(Bloor line-Danforth Line)이 주 노선이며 도심 외곽의 쉐퍼드 라인(Sheppard Line)과 스카버러 RT 라인(Scarborough RT Line)이 있다. 지하철을 이용할 때는 어느 방향(North, South, East, West bound)으로 가는 것인지 잘 확인해서 타고, 한국보다 문 개폐시간이 짧으므로 주의해서 타고 내린다.
운행시간: 06:00~01:00(월~토), 09:00~01:30(일)

버스 & 전차

버스별로 운행시간표가 있어서 예정된 시간에 각 버스정류장을 운행하므로 시간에 맞추어 버스를 이용할 수 있다. 승하차 방법은 밴쿠버의 버스와 마찬가지며 Express라고 적힌 버스는 큰 정류장 몇 곳만 서는 직행버스다. 목적지 부근의 정류장에 이 직행버스가 서는지 확인하고 정차하지 않는다면 일반버스를 이용한다. 버스노선 번호 뒤에 A, B, C, D, E 등의 알파벳이 붙기도 하는데 이는 비슷한 노선이지만 조금씩 다른 경우이며 직행버스의 경우는 보통 E로 표기한다.

환승 시스템

토론토의 대중교통인 TTC의 지하철, 버스, 전차 역시 무료 환승이 가능하다. 하지만 밴쿠버와는 달리 한 방향(One way)으로 이동하는 경우만 가능하며 지났던 곳을 다시 지나는 등 반대 방향으로 환승을 해야 한다면 요금을 다시 내야 한다. 환승을 하려면 환승권(Transfer)이 필요하며 지하철에서는 무인 판매대나 요금 창구(Collector Both)를 통해서 요금을 내고 지하철 이용공간으로 들어가서 무인 환승권 발매기(Automated transfer machine)에서 환승권을 발급받아야 한다. 버스나 전차에서는 요금 납부 후 운전기사에게 Transfer, please! 라고 요구하면 환승권을 발급받을 수 있다. 그래서 목적지로 이동할 때 먼저 지하철, 버스, 전차의 노선을 확인하고 목적지까지 가는데 환승이 필요하다면 잊지 말고 환승권을 발급받도록 한다.

토론토의 요금체계

토론토의 대중교통요금은 밴쿠버와는 달리 거리에 관계없이 같은 요금이 부과된다. 승객들은 자신들의 이용횟수를 고려해 현금 승차, 5/10장 묶음 티켓, 월 정액권(Metropass), 일일 이용권(Day Pass), 일주일 이용권(Weekly Pass) 등을 사서 이용할 수 있다. 버스나 전차는 현금으로 내고 타면 되는데 무료 환승이 필요한 경우 환승권(Transfer)을 받는다. 거스름돈을 돌려주지 않으므로 정확한 요금을 준비해야 한다. 지하철 탑승 시에는 역에 있는 요금창구나 무인판매대에서 티켓을 산다. 무료 환승이 필요한 경우 지하철 이용공간으로 진입한 후 무인 환승권 발매기에서 환승권을 뽑은 뒤 이용한다.

- 5/10장 묶음 티켓: 역의 무인 판매대나 창구의 직원에게 산다.
- 월 정액권: 한 달 동안 무제한 이용 가능한 티켓으로 구입일 기준으로 사용하는 것이 아니라 무조건 매월 1일부터 말일까지 해당 월만 사용할 수 있다.
- 일일 이용권, 일주일 이용권: 하루 혹은 일주일 동안 지하철, 버스, 전차를 자유롭게 이용한다.

TTC 요금표

구분	요금
현금 승차	C$2.75 (거스름돈 돌려주지 않음)
5/10장 묶음 티켓	5장 C$11.25 / 10장 C$22.50
월 정액권 (Metropass)	C$121
일일 이용권 (Day pass)	C$9
일주일 이용권 (Weekly pass)	C$32.25

(2010년 01월 기준)

캘거리

캘거리의 대중교통은 캘거리 트랜싯(Calgary Transit)이라는 공기업에 의해 운영되며 크게 전철(C-train)과 버스(City bus)로 나누어진다. 전철과 버스에 자전거를 가지고 탑승할 수 있으며 도심 전철의 10개 구간은 무료로 운영될 정도로 시민들의 공익과 편의를 위해 캘거리 시에서 많은 지원을 아끼지 않는다. 첫 대중교통 이용시간을 기준으로 90분 이내에 다른 대중교통수단으로 무료로 환승할 수 있으며, 승차권은 전철역 입구의 무인 판매대나 상점 등에서 구입할 수 있다.
http://www.calgarytransit.com/

전철(C-train)

모든 구간이 지상으로 연결되며 북서쪽의 University 역에서 남쪽의 Anderson 역을 연결하는 노선과 북동쪽의 Whitehorn 역에서 다운타운

의 10th st. W 역까지 연결하는 2개 노선이 있다. 두 노선 모두 다운타운 10th st. 역에서 City hall 역까지는 무료 승차구간이다. 전철 안이나 밖에서 버튼을 눌러야 문이 열리며, 주말에는 운행횟수가 적다.

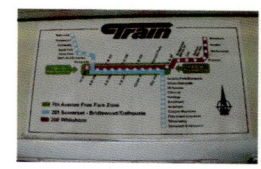

버스(City bus)

노선별로 운행시간표가 있어서 각 버스정류장에서 예정된 시간에 맞춰 버스를 이용할 수 있다. 현금이나 정액권으로 승차할 수 있으며 내릴 때는 창문 위쪽의 줄을 잡아당겨 Next Stop에 불이 들어오게 한다. 우리나라처럼 앞문 승차, 뒷문 하차로, 버스가 정차했을 때 한 계단 내려서면 문이 자동으로 열린다. Step Down이라는 표시가 없는 버스는 하차하는 문의 Bar를 밀면 문이 열린다.

이용요금	현금 승차 (Cash)	정액권 (Monthly Card)	10장 묶음 (FareSaver Ticket)	1일 권 (Day pass)
Adult	C$2.75	C$85.25	C$24	C$8.25
Youth (6세-14세)	C$1.75	C$52.50	C$15	C$5.25

★ 2010년 01월 기준

빅토리아

빅토리아는 전철이 없고 버스만 운영하는데 각 노선이 빅토리아의 주요시설들과 관광지를 잘 연결해서 주민들과 관광객들에게 불편 없는 서비스를 제공하고 있다. 빅토리아는 2개의 존으로 나누어지

며 각각 다른 요금이 적용된다. 다른 도시와 마찬가지로 90분 동안 다른 버스로 환승할 수 있으며 운행시간표에 맞춰 이용할 수 있다.
http://www.busonline.ca/

이용요금

- 현금 승차: 잔돈을 내주지 않으므로 미리 요금을 딱 맞게 준비해야 한다. (1존-C$2.25, 2존-C$3)
  1존 티켓으로 2존까지 갈 경우는 75센트를 추가로 내면 된다.
- 10장 묶음 티켓(FareSaver Tickets): 승차할 때 한 장씩 뜯어서 요금함에 넣고 환승권을 받는다. (1존-C$20.25 , 2존-C$27)
- 정액권(Monthly FareCard): 매월 1일부터 말일까지 존에 구분없이 이용할 수 있다.(C$73.25) 운전기사에게 정액권을 보여주고 승차하면 된다.
- 1일 이용권(Day pass): 1일 관광에 경제적이고 편리하다. (C$7)

몬트리올

몬트리올에는 지하철 4개 라인과 170여 개의 노선버스가 있어서 승객들에게 안전하고 편리한 서비스를 제공한다. 몬트리올의 지하철은 고무 타이어를 사용해 아주 조용하고 더 편안한 승차감으로 승객들의 높은 만족도를 얻고 있다. 지하철은 매 3~7분 간격으로 운행하며 총

64km에 68개의 역이 있다. 다른 도시와 마찬가지로 지하철과 버스는 90분 이내 무료 환승이다.
http://www.stcum.qc.ca

이용요금

교통카드	Regular	Reduced
1달권(Monthly Pass)	C$68.50	C$37.00
1주간(Weekly Pass)	C$20.00	C$11.25
6장 묶음(Six-ticket strip)	C$12.75	C$6.75
현금 승차(Cash fare)	C$2.75	C$1.75
관광객용 1일권(Tourist Card)	C$9.00/1일	
관광객용 3일권(Tourist Card)	C$17.00/3일	

★ 2010년 01월 기준

택시(도시 공통)

일반적으로 택시회사에 전화해서 택시를 부르는 콜택시 시스템이지만 밴쿠버, 토론토 등의 대도시 내에서는 한국처럼 빈 차로 이동하는 택시를 어렵지 않게 이용할 수 있다. 이용요금은 기본료 C$2.70에 1km당 C$1.58이 추가되며, 현금과 신용카드로 계산할 수 있다. 캐나다의 팁 문화는 택시 이용 시에도 예외가 아니므로 부과된 택시요금에 10% 정도의 팁을 주는 것을 잊지 말자.

밴쿠버 택시회사
Yellow Cab (604) 681-1111
Black Top & Checker Cabs
(604) 731-1111
토론토 택시회사
City taxi (416) 241-1400
Imperial taxi (416) 603-1600

004 생필품 사기

Canada

식료품과 생활잡화

Safeway, Superstore, London Drug 등 다양한 식품과 생활잡화를 판매하는 대형매장을 이용할 때 무료로 발급하는 회원 할인카드를 이용하면 보다 저렴하게 물건을 살 수 있다. 오전에 나온 채소, 과일, 고기, 빵 등을 밤에는 할인된 가격에 판매하기도 하며, Special이나 Sale이라는 문구를 표기해 특별 할인하는 품목들도 있다. 같은 매장이라도 위치에 따라 가격이 다를 수 있으니 물건 구매 시 가격을 기억해 보다 저렴한 곳을 이용하는 것이 좋다. 식료품 외에도 각종 주방용품, 욕실용품, 침실용품, 거실용품, 여성용품, 스포츠용품, 의류, 전자제품 등도 함께 판매한다.

전자제품

캐나다의 대표적인 전자제품 전문점에는 Future Shop과 Radio Shack 등이 있는데 한국의 하이마트처럼 다양한 제품을 판매한다. 연중 가장 큰 할인행사 기간인 복싱 데이(Boxing Day)에는 매장이 문을 열기 전부터 저렴한 가격으

로 전자제품을 사려는 사람들이 몰려 줄을 서기도 한다. Wal-mart와 Costco도 타 매장보다 저렴한 편이다.

가구/생활집기

IKEA와 같은 조립식 가구는 구매자가 집에서 직접 조립하기 때문에 타 가구점보다 훨씬 저렴한 편이다. 조립식 가구의 부품은 특별한 연장 없이도 조립할 수 있도록 고안되어 있어서 누구나 쉽게 사용할 수 있다. 캐나다에서는 침대의 매트리스 가격이 꽤 비싼 편이다. IKEA 외에 Brick과 Leon's 등의 가구점도 많이 이용한다.

주류 구입

캐나다에서는 주류 판매점(Liquor Store)이 아닌 일반 매장에서는 맥주, 위스키 등의 주류를 살 수 없다. 캐나다의 주류 판매점에서는 주류만을 전문으로 판매하며 요일별로 매장 영업시간이 다르다. 평일은 저녁 일찍 문을 닫는 곳이 많은데, 이럴 때는 펍에 가서 판매용 술을 살 수 있다.

한국 식품

최근 증가하는 한인 이민자, 유학생들과 함께 밴쿠버, 토론토 등의 대도시에서 한국 식품점을 쉽게 찾을 수 있다. 라면, 김치, 각종 밑반찬, 한국 과자류 등 각종 한국 식품을 한국과 큰 차이 없이 살 수 있으며 다양한 생활집기와 전자제품 역시 구할 수 있다.

캐나다의 소비세

캐나다에서는 식료품 등의 몇몇 1차 상품을 제외하고는 대부분 상품에 별도의 세금이 부과된다. 일반적으로 연방세(GST 7%)와 지방세(PST 7.5%)가 부과되며, 연방세만 내거나 지방세만 내는 상품들도 있다. 캐나다에서 물건에 표기된 가격은 세금이 포함되지 않은 가격으로 물건을 살 때는 표기된 가격에 약 14.5%를 추가해서 생각해야 한다. 한국에서의 습관대로 물건값을 예측하면 계산할 때 돈이 부족할 수도 있다. (앨버타는 넉넉한 주 재정으로 지방세가 면제되며 7%의 연방세 GST 만을 부과)

한국과 캐나다 물가 비교

한국에서 더 저렴한 품목	캐나다에서 더 저렴한 품목
보세 의류와 정장	브랜드 의류와 신발, 스포츠용품, 선글라스
담배와 가게에서 마시는 술	채소/고기 등의 식료품
문구류와 생활잡화, 안경	화장품과 욕실용품
이불, 수건, 양말 등의 면 종류	비타민, 꿀 등의 건강보조식품
디지털 카메라, 전자사전 등의 전자제품	컴퓨터, TV, 오디오 등의 전자제품

대형마트 할인카드 만들기

식료품과 잡화를 판매하는 대형마트들은 고객유치를 위해 회원 할인카드를 발급하며 회원들에게 특별 할인행사를 통해 보다 저렴하게 물건을 살 기회를 제공한다. 회원카드를  제공하는 대표적인 매장은 Safeway와 Save on Foods 등으로, 매장 내의 계산대나 안내대에서 소정의 신청서 작성 후 즉석에서 회원카드를 발급한다. 회원들은 특별행사 제품을 최대 50%까지 저렴한 가격에 사기도 하며, 오전에 나온 채소나 빵 종류를 밤 시간대에 훨씬 저렴하게 살 수 있다.

Garage Sale

필요없는 중고물건을 자신의 집 앞이나 공터에 진열하고 판매하는 Garage Sale(차고 앞 판매)은 검소한 캐나다인의 일상이다. 한국에서는 보기 어려운 풍경이지만 캐나다에선 이러한 자리를 통해 이웃과의 만남을 즐긴다. 물건을 반드시 사거나 팔아야 하는 부담 없이 무료한 시간을 달래는 하나의 오락거리 같은 것이기도 하다. 중고물품 사용에 별다른 거부감이 없는 그들은 낡은 외투, 운동화, 그릇 등 각종 주방용품, 오래된 전자제품, 각종 운동기구, 가구 등을 적당한 가격에 사고팔며 알뜰하게 사용한다. 캐나다에서 일정기간을 체류하는 사람이라면 이러한 Garage Sale에서 저렴한 가격에 물건을 사면서 생활비도 절약하고 동시에 캐나다에서 새로운 문화도 체험할 수 있다.

캐나다의 팁(Tip) 문화

한국에서는 다소 생소하지만 북미에서 생활화되어 있는 팁 문화는 캐나다 생활 중 꼭 기억해야 할 것 중 하나이다. 캐나다에서 종업원의 서비스가 포함되어 제공될 때 계산서의 금액과 별도로 전체 금액의 약 7-15% 정도를 팁으로 주는 것이 일반적이다. 식당에서 식사할 때 점심에는 음식값의 약 7-10% 정도, 저녁식사 때는 약 10-15% 정도 팁을 주며, 택시를 이용하거나 Bar나 Pub에서 맥주를 마시는 경우, 음식을 배달시키는 경우 약 10% 정도의 팁을 낸다.

005 공공도서관 이용하기

도서관 카드
6개월 이상 체류기간이 허가된 방문 비자나 학생 비자와 여권, 캐나다에서 자신의 이름으로 수취한 우편봉투를 가지고 가면 도서관 카드를 만들 수 있다. 도서관 입구에 있는 안내대에서 간단한 신청서를 작성해서 제출하고 소액(C$5~10)의 발급수수료를 낸다.

캐나다에서는 주위에서 어렵지 않게 도서관을 찾을 수 있으며, 외국인도 자유롭게 이용할 수 있다. 도서관 내에서의 도서열람은 물론 도서관 카드를 발급받으면 도서 대출도 가능하다. 도서관을 잘 활용하면 영어학습과 더불어 현지 캐내다 학생들과의 교류 등에 많은 도움을 얻을 수 있다. 이용시간은 지역별로 약간씩 차이를 보이지만 일반적으로 월요일부터 목요일까지는 오전 10시부터 오후 8시까지, 금요일과 토요일은 오전 10시부터 오후 5시까지, 일요일은 오후 1시부터 오후 5시까지다.

Vancouver Public Library

다운타운의 Robson street과 West Georgia street이 만나는 곳에 있는 밴쿠버 도서관은 그 규모와 내부시설, 그리고 건축물의 아름다움이 세계적인 수준이다. 밴쿠버에 사는 많은 학생과 일반인이 이용하는데, 영어학습을 위한 각종 자료와 랩실도 갖추어져 있다. 신문이나 잡지와 같은 정기간행물의 지난 자료도 열람하고 복사할 수 있다. 현지의 정보교환과 만남의 장소 역할로도 유명하며, 무료로 사용

할 수 있는 인터넷 역시 많은 학생이 이용하고 있다. 홈페이지에서 이벤트 섹션을 클릭한 후 다양한 공연과 문화체험 등의 행사일정을 확인하고 참여할 수 있다.
http://www.vpl.ca/

- 주소: 350 West Georgia street, Vancouver
- 이용시간: 10:00-20:00(월~목), 10:00-17:00(금~토), 13:30-17:00(일)
 (5월 말부터 9월 초까지는 일요일 폐관)

Metropolitan Toronto Library

다운타운의 Yonge & Bloor 지하철역에서 내려 북쪽으로 조금 올라가면 쉽게 찾을 수 있다. 서적 외에도 비디오, 오디오 등 많은 자료를 검색할 수도 있으며, 특히 이 도서관에는 외국학생을 위한 ESL Student 코너가 따로 있어서 각종 ESL 서적, 오디오, 비디오 등을 자유롭게 이용할 수 있다.

- 주소: 789 Yonge street, Toronto

North York Library

토론토의 대형 공립도서관으로 지하철 노스욕 센터(North York Centre) 역과 연결되어 있다. 한국 서적과 비디오도 이용할 수 있고, 토론토 북쪽 지역의 학생들의 만남의 장소로도 많은 학생이 이용한다.

- 주소: 5120 Yonge street, North York

W.R. Castell Central Library

캘거리 구 시청 맞은편에 있는 총 6층 건물의 도서관으로 다운타운에 위치해 있어 학생들이 쉽게 이용할 수 있다. 책도 보고 도서관 내부에

자리 잡은 여러 작은 카페에서 스낵과 함께 커피 타임을 가질 수 있다. 안내대와 도서 대출창구가 1층에 있으며 안내대에서 도서관 카드를 신청하면 된다.

- 주소: 616 Macleod Trail S.E, Calgary
- 이용시간: 10:00-21:00(월~목), 10:00-17:00(금~토), 13:30-17:00(일)

Greater Victoria Public Library

빅토리아 다운타운에 자리 잡고 있어서 쉽게 이용할 수 있다. 외국학생을 위한 영어 교재와 랩실은 물론 한국 도서도 마련되어 있다.

- 주소: 735 Broughton street, Victoria
- 이용시간: 09:00-18:00(월/수/금/토), 09:00-21:00(화/목), 13:00-17:00(일)

(5월 말부터 9월 초까지는 일요일 폐관)

캐나다의 공휴일

캐나다에서는 대부분 공휴일을 몇 번째 요일 등으로 지정해 샌드위치 휴일을 피함으로써 연휴기간을 효과적으로 활용한다. 날짜가 지정된 공휴일도 토요일과 일요일이 국경일과 겹칠 때는 월요일을 쉰다. 주 공휴일은 해당 주에서만 쉰다.

국정 공휴일

- 1월 1일: New Year's Day
- 3월 부활절 전 금요일: Good Friday
- 3월 Good Friday 후 월요일: Easter Day
- 5월 24일에 가장 가까운 월요일: Victoria Day
- 7월 1일: Canada Day
- 9월 첫째 월요일: Labour Day
- 10월 두 번째 월요일: Thanks Giving Day
- 12월 25일: Christmas
- 12월 26일: Boxing Day

006 건강보험 가입하기

캐나다의 건강보험은 주민의 건강과 복지를 위해 각 주 정부 산하의 건강보험 부서를 통해 운영된다. 광활한 캐나다는 주별로 서로 다른 정책의 의료보험제도를 시행하고 있어서 국제학생들의 건강보험 가능 여부와 조건, 가입방법, 보험료 등이 주마다 다르다. 현재 국제학생들의 건강보험 혜택은 밴쿠버와 빅토리아가 속한 BC(British Columbia) 주, 캘거리와 에드먼턴이 속한 앨버타(Alberta) 주, 그리고 새스커툰과 리자이나가 속한 서스캐처원(Saskatchewan) 주 이 3개의 주에서만 가능하며, 학생 비자인 사람만 건강보험에 가입할 수 있다. 다른 지역에서 학생 비자로 공부하는 사람이나 학생 비자가 아닌 사람은 유학생 보험에 가입해서 사고에 대비하는 것이 좋다.

BC 주에서는 캐나다 입국 후 3개월부터 보험혜택을 보기 때문에 BC 주에 학생 비자로 오는 사람은 도착 후 3개월 동안 유효한 유학생 보험에 가입하는 것이 좋다. 캐나다의 주 건강보험 가입 후에는 캐나다 현지 주민들과 똑같이 치과를 제외한 모든 의료혜택을 볼 수 있다. 특별한 경우가 아니라면 의료시설 이용 시 병원에 내는 비용은 거의 없으며, 처방전으로 약을 살 때 소액의 약값만 부담하면 된다.

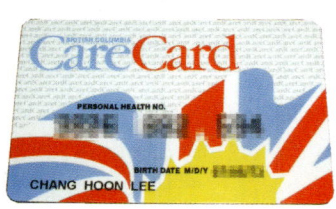

BC 주의 건강보험 (BC MSP-BC Medical Service Plan)

학생 비자인 사람만 건강보험에 가입할 수 있으며 도착 3개월 후부터 혜택을 받을 수 있다. BC 주의 건강보험은 주 정부 산하 Health Insurance B.C.에서 관리하고, 가입희망자는 빅토리아에 있는 Health Insurance B.C 사무실로 팩스나 우편을 통해 신청하면 된다.
http://www.gov.bc.ca/health/

- 건강보험 신청하기
1. MSP(Medical Service Plan of BC) 홈페이지를 방문해서 신청서 양식을 프린트한 후 작성
   (https://www.health.gov.bc.ca/exforms/msp.html)
2. 신청서와 함께 구비서류를 빅토리아 Health Insurance B.C. 사무실로 우편이나 팩스로 신청 (구비서류: 완벽하게 작성한 신청서, 여권 첫 두 페이지 복사본, 학생 비자 복사본)
3. 건강보험을 신청하면 기재한 주소로 건강보험카드(BC Care Card)가 발송되고, 카드 수령 후 바로 의료기관을 이용할 수 있다.
4. 보험료는 집으로 배달되는 청구서를 가지고 은행이나 Money Mart에 가서 납부
- 보험료 $54/월(개인), $96/월(2인 가족), $108/월(3인 이상 가족)

팩스 접수
Fax: (250) 952-3427
우편 접수
Medical Services Plan, PO Box 9035 Stn Prov Govt, Victoria, B.C. V8W 9E3
문의
빅토리아 (250) 382-8406
밴쿠버 (604) 683-7151
기타 B.C. 지역: 1-800 663-7100

앨버타 주의 건강보험 (AHCIP-Alberta Health Care Insurance Plan)

캘거리와 에드먼턴이 속한 앨버타 주 역시 학생 비자를 소지한 학생이 건강보험에 가입할 수 있다. 앨버타 주 도착 후 즉시 가입할 수 있으며, 가입 전이라도 일단 의료비용을 지급하고 가입 후 지급 금액을 환불받을 수 있다. 앨버타 주의 건강보험은 주 정부 산하 Alberta Health & Wellness에서 관리하며 가입희망자는 에드먼턴에 있는 Alberta Health & Wellness 사무실을 직접 방문하거나 우편으로 신청할 수 있다.
http://www.health.alberta.ca/

• 건강보험 신청하기

1. Alberta Health & Wellness 홈페이지를 방문해서 신청서 양식을 프린트한 후 작성
   (http://www.health.alberta.ca/ahcip/ahcip_forms.html)
2. 신청서 작성 후 구비서류와 함께 에드먼턴에 있는 Alberta Health & Wellness 사무실을 직접 방문하거나 우편으로 신청 (구비서류: 완벽하게 작성한 신청서, 여권 첫 두 페이지 복사본, 학생 비자 복사)
3. 우편으로 신청하면 나중에 집으로 건강보험카드가 배달되고, 직접 방문해서 신청하면 바로 카드를 받을 수 있다.
4. 보험료 납부는 집으로 배달되는 청구서를 지참하고 가까운 은행이나 Money Mart 등을 방문

• 보험료 $44/월(개인), $88/월(2인 이상 가족)

방문 접수
캘거리 727 7th Ave SW
에드먼턴 10025 Jasper Ave.
우편 접수
Alberta Health & Wellness, PO Box 1360 Stn Main, Edmonton, A.B, T5J 2O3
문의
전화 (780) 427-1432
팩스 (780) 422-0102

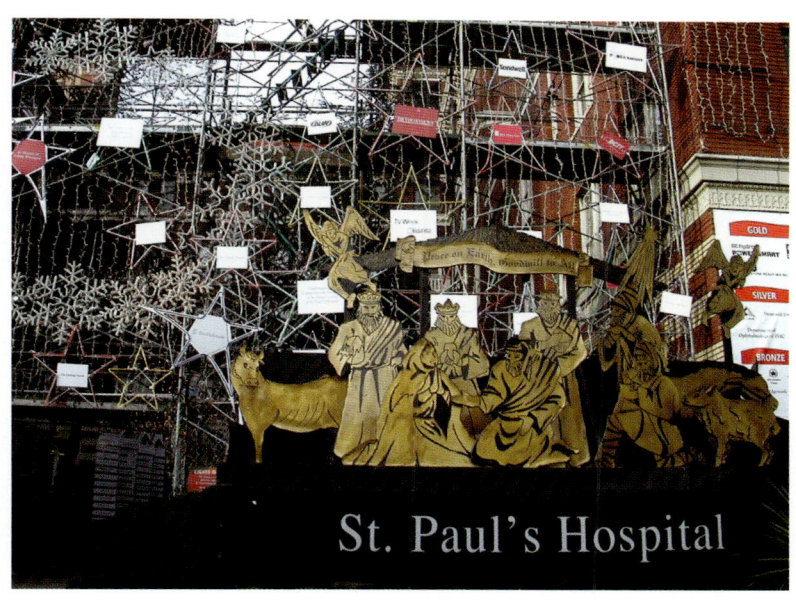

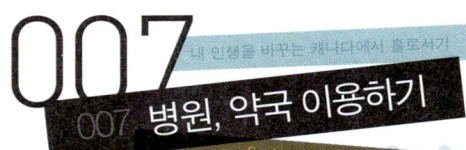

007 병원, 약국 이용하기

한국에서는 아픈 부위에 따라 내과, 외과 등 전문의를 찾아가 진찰받지만 캐나다에서는 자신이나 가족의 담당의(Family/Home doctor)를 통해 1차 진료를 받고, 필요에 따라 담당의를 통해 전문의나 종합병원을 예약해서 추가적인 전문 진료를 받을 수 있다. 담당의는 자신이나 가족을 전담해 지속적으로 진단과 치료를 하는 의사로, 자신이 선택하고 의사가 동의함으로써 지정하게 된다. 건강보험 가입자의 병원 치료비용은 대부분 무료다.

건강보험 미가입자 치료비용

주 건강보험에 가입하지 않은 사람은 진료비가 아주 비싼 편이지만 유학생 보험에 가입한 사람은 진단서와 영수증을 가지고 있다가 나중에 보험회사로부터 비용을 돌려받을 수 있다.

- 감기, 두통, 복통 등의 일반적인 질병으로 Walk-in Clinic을 방문: 1회 약 C$50~80
- 5바늘 정도 꿰매는 치료: 약 C$500

- 골절로 말미암은 치료: 약 C$3,000
- 맹장염 등으로 수술을 받고 2일 입원 치료: 약 C$25,000

Walk-in Clinic

어학연수생이나 관광객은 단기체류로 인해 담당의 지정이 거부되는 경우가 많다. 이런 사람들은 진료가 필요한 경우 가까운 Walk-in Clinic(예약 없이 이용 가능한 병원)을 방문해 진료를 받고 이후 필요에 따라 전문병원이나 종합병원을 소개받아 더 전문적인 치료를 받을 수 있다. 캐나다에 도착하면 병원치료가 필요한 경우를 대비해 가까운 Walk-in Clinic의 위치와 연락처를 미리 알아두는 것이 좋다.

지역별 Walk-In Clinic

밴쿠버

✚Yaletown Medical Clinic
1296 Pacific Boulevard, Vancouver, BC / Tel. (604) 633-2474

✚Care Station Walk-In Clinic
15-3195 Granville Street, Vancouver, BC / Tel. (604) 732-5394

✚Life Medical Centre
1030 Denman Street, Vancouver, BC / Tel. (604) 331-1801

✚Care Point Medical Centre (Davie)
1123 Davie Street, Vancouver, BC / Tel. (604) 915-9517

✚Care Point Medical Centre (Denman)
1175 Denman Street, Vancouver, BC / Tel. (604) 254-5554

토론토

➕ Broadview Medical Clinic
797 Broadview Avenue, Toronto, ON / Tel. (416) 463-3228
➕ Forest Hill Clinic
290 Street, Clair Avenue West, Toronto, ON / Tel. (416) 966-1029
➕ Downtown Doctors Medical Centre
344 Bloor Street West, Toronto, ON / Tel. (416) 929-1530
➕ Walk-in Medical Clinic
1910 Yonge Street, Toronto, ON / Tel. (416) 483-2000

빅토리아

➕ Mayfair Walk-in Clinic
210-3214 Douglas Street, Victoria, BC / Tel. (250) 383-9898
➕ Lansdowne Clinic
120-1641 Hillside Avenue, Victoria, BC / Tel. (250) 592-4212

캘거리

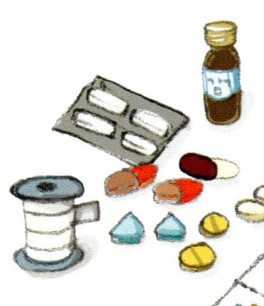

➕ Mayland Medical Clinic
1905 8 Avenue NE, Calgary, AB / Tel. (403) 276-6992
➕ Sunridge Mall Medical Clinic
1288 Sunridge Mall, Calgary, AB / Tel. (403) 280-7744
➕ Westbrook Walk-in Medical Clinic
P57-1610 37 Street SW, Calgary, AB / Tel. (403) 246-0887

에드먼턴

➕ Lymburn Medical Clinic
7526 178 Street NW, Edmonton, AB / Tel. (780) 481-2076
➕ Walkin Medical Clinic
104-9425 94 Avenue, Fort Saskatchewan, AB / Tel. (780) 997-0177
➕ Brentwood Medical Walk-in Clinic
78 Athabascan Avenue, Sherwood Park, AB / Tel. (780) 467-0083

몬트리올

✚Plaza-Medical de la Plaza
147-6700 De La Cote-Des-Neiges Road, Montreal, QC /
Tel. (514) 342-2941

✚Clinique Medical Rue Roy
281 Roy Street E, Montreal, QC / Tel. (514) 499-0986

✚Statcare Walk-in Clinic
175 Stillview, Pointe-Claire, QC / Tel. (514) 694-9282

응급전화 911

한국과 마찬가지로 갑작스런 사고가 생겼을 때는 누구나 응급실을 이용할 수 있다. 캐나다의 응급서비스 전화번호 911로 전화해서 구급차를 부를 수 있으며 가까운 거리면 직접 응급실에 찾아갈 수도 있다. 응급상황에서 911에 연락해 구급차가 출동한 경우 만약 방문 비자 등의 이유로 주 건강보험에 가입되지 않았다면 911 요청에 따른 비용(약 C$700)이 청구된다. 유학생 보험 등에 가입한 사람이라면 이에 따르는 비용 역시 보험사로부터 돌려받을 수 있다. (공중전화에서 동전을 넣지 않고 0번 누르고 바로 이용할 수 있다.)

약국 이용하기

주로 Safeway, London Drugs, Loblaws, Shopper's Durg Mart, Walmart, Superstore 등 대형마트 내부에서 약국(Pharmacy) 코너로 운영하는 곳이 많고, 도심의 대로변에 독립적인 약국도 있다. 병원에서 발급받은 처방전(prescription)이 있어야 약을 구할 수 있지만, 일반적인 두통약, 소화제, 감기약, 해열제 등은 그냥 살 수 있다. 두통이나 감기 등에 대비해서 간단한 상비약은 미리 준비해두는 것이 좋겠다.

008 캐나다에서 운전하기

SURVIVAL ENGLISH

Canada

캐나다에서 운전을 하려면 한국에서 출발 전 국제운전면허증을 발급받는 방법과 캐나다 도착 후 한국 운전면허증을 캐나다의 운전면허증으로 교환하는 방법이 있다. 캐나다 도착 후 6개월 동안은 국제운전면허증(한국 운전면허증도 함께 소지)으로 운전할 수 있고, 6개월 이상은 한국의 운전면허증을 캐나다의 운전면허증으로 전환해 사용해야 한다.

캐나다 운전면허증

캐나다 운전면허증으로 교환할 때는 별도의 시험 없이 간단한 시각 테스트만 받으면 된다. 한국 공관(대사관/영사관)에서 한국 운전면허증 영문번역인증서를 발급받고 이를 가지고 각 지역의 운전면허센터에 가서 현지 운전면허증을 신청한다. 앨버타 주에서는 한국 공관의 영문번역인증서 없이 영문으로 된 운전경력증명서(한국의 운전면허시험장에서 발급)만 있어도 발급받을 수 있다.

> **한국 공관**
> 토론토 총영사관
> 555 Avenue Road, Toronto
> Tel: (416) 920-3809
> 밴쿠버 총영사관
> 1090 Georgia Street, Suite 1600, Vancouver
> Tel: (604) 681-9581
> 오타와 대사관
> 150 Boteler Street, Ottawa
> Tel: (613) 244-5010

• 운전면허증 교환 절차

1) 한국 운전면허증과 여권을 가지고 지역별 한국 공관(오타와 대사관/밴쿠버 총영사관/토론토 총영사관)을 방문해서 한국 운전면허증의 영문번역인증서를 발급받는다. (인증 수수료: C$3)

2) 한국 운전면허증 영문번역인증서, 여권을 지참하고 가까운 운전면허센터 방문 후 간단한 시각 테스트를 받는다. (근/원거리 감지 테스트, 색맹 테스트 등)

3) 시각 테스트 후에 임시 운전면허증을 교부받고, 캐나다 운전면허증은 약 2주 후 우편으로 도착한다. (발급 수수료 약 C$70)

도시별 운전면허센터

토론토

Queen's Park Driver and Vehicle Office

MacDonald Block, Room M1-21, 777 Bay Street, Queen's Park, Toronto

Metro East Driver Examination Centre

1448 Lawrence Avenue East, Unit 15(Victoria Terrace Plaza), North York

밴쿠버

Driver Licensing Centre, Royal Centre

221-1055 West Georgia Street, Vancouver

Driver Services Centre
125 East 13th Street, North Vancouver
Driver Services Centre
3880 Lougheed Hwy. Burnaby

빅토리아
Wharf Street Driver Services Centre
955 Wharf Street, Victoria

오타와
Driver Examination Centre
1570 Walkley Road, Ottawa

캘거리
Mojo's Licence & Registry Services Inc.
Bay 3, 6020 1A Street SW, Calgary
Alberta Motor Association, Calgary Willowpark
532-10816 Macleod Trail SE, Calgary

캐나다 운전상식

- 앞자리와 뒷자리 승객 모두 안전벨트 의무화(동승자 미착용 시 운전자에게 우선 책임)
- 18kg 미만의 소아는 별도의 안전 보조의자 의무화
- 언제나 안개등을 켜고 운행해야 함. 1996년 이후 출고차량은 시동과 동시에 자동으로 안개등이 켜지며, 그렇지 않은 차량은 수동으로 작동시켜야 한다. (미이행 시 벌금 부과)
- 2WAY STOP: 비보호 교차로에서 현재 진행방향과 반대방향의 차선의 운전자가 가로지르는 차량을 주의해서 운전한다. 일단정지 후 가로지르는 차선에 차량진행 없고 안전함이 판단되면 운행한다.
- 4WAY STOP: 비보호 교차로에서 일단정지 후 먼저 온 차량이 먼저

진행한다.

- 비보호 좌회전 교차로가 많고 좌회전 시 파란 신호에서 상대편 차선에 진행차량이 없을 때 좌회전한다. 상대차선에 진행차량이 많아 번잡할 때에는 파란 신호에서 교차로의 1/3 정도 위치에서 기다리다가 노란 신호에서 좌회전한다. 빨간 신호에서는 좌회전 불가.

자동차 사고 시 대처요령

캐나다에서 자동차 사고가 났다면 가장 먼저 해야 할 일은 사고의 상황을 객관적으로 증언해줄 수 있는 증인을 확보하는 것과 상대편 차량과 운전자 정보를 메모하는 것이다. 이후 경찰과 보험회사에 신고한 후 자신과 상대의 과실판단과 자동차 수리 등의 적절한 조치를 받는다.

009 자동차 렌트와 구매

대표적인 렌터카 회사로 Budget, Discount, Avis, Hertz, Alamo, National, Enterprise 등이 있으며 렌트 비용은 회사별, 시즌별, 요일별, 대여기간별로 차이가 난다. 일반적으로 4인승 소형차를 렌트할 경우 Full coverage insurance를 포함해서 하루 약 C$70의 비용이 든다. 회사별로 특별 할인가격을 제공하는 회사도 있으므로 몇 곳을 방문해 가격을 비교해보고 결정하는 것이 좋다. 자동차를 렌트할 때는 반드시 신용카드가 있어야 하며 국제운전면허증과 함께 가지고 가면 된다. 차종별 가격을 비교해보고 가입할 자동차 보험의 종류를 선택한다. 한국과 마찬가지로 부분적인 손실만을 보장하는 부분보험과 전체를 보장하는 전체보험이 있는데 만일을 대비해 전체보험에 가입하길 권한다.

렌트한 자동차의 반납은 반드시 렌트한 곳에 반납해야 하는 것은 아니며 추가비용 없이 다른 곳의 그 회사 지점에 반납할 수도 있다. 요금납부는 자동차를 반납할 때 현금이나 신용카드로 한다. 차에 기름이 가

렌터카 회사
Budget 1-800-314-5885
Discount 1-877-742-8787
Avis 1-800-879-2847
Hertz 1-800-654-3131
Alamo 1-800-844-9041
National 1-800-227-7368

득 채워진 상태에서 렌트하게 되며 반납 시 부족한 기름만큼의 비용을 별도로 부담해야 한다. 이때는 일반적으로 주유할 때보다 비싼 가격이 책정되므로 미리 자동차의 기름을 가득 채워서 반납하는 것이 경제적이다.

중고차 사기

중고차 구매는 캐나다 현지의 각종 생활정보지와 광고를 통한 개인 대 개인의 직거래와 중고차 딜러를 통한 구매가 있다. 중고차 딜러를 통해 사는 경우 직거래보다 비교적 비싼 금액을 내야 하지만, 믿을만한 딜러를 통한다면 중고차의 성능을 검증받고 살 수 있다. 캐나다 현지의 자동차 수리와 유지비가 한국보다 비싼 만큼 잘못된 중고차의 구매는 큰 손실을 볼 수 있으므로 주위의 잘 아는 사람에게 도움을 청하는 것이 좋다. 각 지역 내의 믿을만한 한국 중고차 딜러를 이용하는 것도 좋은 방법이다. 중고차 가격은 차의 상태와 회사에 따라 많이 차이 나지만 보통 출고 후 10년 정도 된 차량은 약 C$5,000~10,000 정도다.

자동차 등록과 보험

자동차 딜러를 통해 차를 사면 딜러가 자동차 등록절차를 대행해주고, 개인 직거래를 하면 보험서류와 등록증을 가지고 직접 등록해야 한다. 자동차 등록 시 보험증명서류가 꼭 필요하므로 등록 전 자동차 보험에 먼저 가입한다. 밴쿠버와 빅토리아가 위치한 BC 주는 주 정부 산하 (ICBC)에서 직접 관리하는 한 개의 보험회사에서만 보험이 가입된다. BC 주 외에는 한국과 마찬가지로 여러 보험사 중 원하는 곳에 가입할 수 있다. 보험료는 한국에 비해 비싼 편으로 차종, 연식 등에 의해 결정되며 일반적으로 1년 약 C$2,000~3,500 정도의 보험료를 낸다.

• 자동차 보험료의 할인
한국에서 자동차 보험에 가입한 적이 있으면 무사고 1년 경력에 5%의 할인혜택(주별로 최대 40~50%까지 할인)을 받을 수 있다. 보험료가 비싼 만큼 할인금액도 무시할 수 없으니 해당사항이 있는 사람은 꼭 혜택을 받도록 하자. 한국의 보험회사에서 영문으로 무사고 운전증명(No Claim Certificate)을 발급받아 캐나다에서 자동차 보험 가입 시 제출하면 된다. 반드시 보험회사에서 발급한 서류여야 하며 운전면허시험장에서 발급하는 경찰청 직인의 무사고증명은 인정되지 않는다.

주차 방법

• 도로변 유료주차: 도로변에 설치된 미터기에 시간별 주차 비용이 표기되어 있다. 잔돈은 반환되지 않으며 투입한 금액보다 긴 시간을 주차하면 추가로 동전을 넣어야 한다.

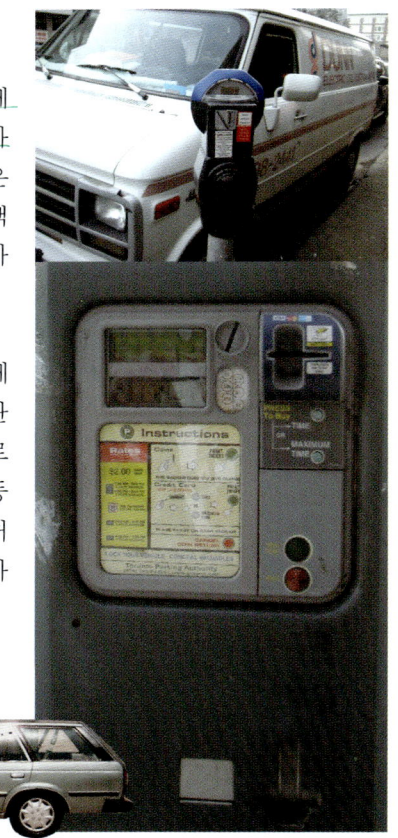

• 도로변 무료주차: 도로변에 무료주차시간이 표기된 표지판이 있으면 그 시간 동안 무료로 주차할 수 있다. 통근시간 등 번잡한 시간대에는 주차가 허용되지 않고 차량통행이 한가한 시간에 주차할 수 있다.

자동차 주유하기

한국과 마찬가지로 주유소 직원이 주유해주는 곳도 간혹 있지만 일반적으로 저렴한 가격의 Self Service 방식을 이용해서 운전자가 직접 주유한다. 기름은 품질에 따라 몇 가지로 나뉘며 종류별로 가격 차이가 난다. 캐나다에는 대형화물차를 제외하고 대부분 휘발유 차량으로 디젤 차량은 흔치 않다.

• 주유 방법

1) 주유펌프 거치기에서 주유펌프 손잡이를 들어 올린 후 주유구에 투입
2) 원하는 기름종류와 요금 지급방법 선택 (후불로 점원에게 지급 or 카드로 지급)
3) 카드로 지급할 때 카드 긁고 비밀번호 입력
4) 주유펌프 손잡이 안쪽을 꽉 쥐면서 주유
5) 카드 계산이면 영수증을 받고, 현금이면 점원에게 지급 (Pay first 라고 표시된 곳은 카드나 선불로 지급)

무연 휘발유 종류

Regular unleaded – 리터당 C$0.8~0.9
Plus unleaded – 리터당 C$0.9~1
Supreme unleaded – 리터당 C$1~1.2

내 | 인생을 | 바꾸는 | 캐나다에서 | 홀로서기

아르바이트하기

Part 05

Canada

001 SIN Card 신청하기

캐나다에서 일할 때는 사회보장번호 성격인 Social Insurance Number Card(SIN Card)를 발급받아야 한다. 9개의 번호로 구성된 Social Insurance Number는 원래 캐나다 연방정부의 국민연금 프로그램과 실직자 보험 프로그램을 관리하고자 만들어졌지만, 현재는 고용이나 복지, 세금관련 등의 연방정부 차원에서 진행하는 모든 프로그램을 이 번호를 통해 관리한다. 캐나다에서 일하는 모든 사람은 이것을 통해 소득을 신고하고 합법적으로 일하기 때문에 꼭 필요하다.

방문 신청
가장 신속하고 간편하게 발급받는 방법으로, 비자를 가지고 가까운 Service Canada Centre 사무실을 방문한다. 한 번의 방문으로 모든 신청이 이루어지며 신청 후 5일 이내에 우편으로 카드가 발송된다.
http://www.servicecanada.gc.ca

지역별 Service Canada Centre

밴쿠버

Sinclair Centre, Suite 415, 757 Hastings Street West, Vancouver
Tel. (604) 687-7803

빅토리아

595 Pandora Avenue, Victoria
Tel. 1-800-277-9914

캘거리

Harry Hays Building, Suite 270, 220-4th Avenue South-East, Calgary
Tel. 1-800-277-9914

토론토

Arthur Meighen Building, 1st Floor, 25 Street Clair Avenue East, Toronto
Tel. (416) 973-6915

우편 신청

직접 방문이 힘들면 우편으로도 신청할 수 있다. Service Canada Centre 홈페이지를 통해 신청서를 내려받아 작성하고 아래 주소로 비자 원본과 함께 발송한다. 신청 후 약 3주 후에 우편으로 카드가 발송된다. 우편사고 등의 분실우려가 있으므로 불가피한 경우에만 우편 신청을 이용하도록 하자.

http://www.servicecanada.gc.ca/en/sin/apply/how.shtml

• 우편 신청서 보낼 곳
Service Canada, Social Insurance Registration Office
P.O. Box 7000, Bathurst, New Brunswick E2A 4T1 Canada

★ Social Insurance Number 신청서

Government of Canada / Gouvernement du Canada		PROTECTED WHEN COMPLETED - A
SOCIAL INSURANCE NUMBER APPLICATION	FINDER NO	DATE
APPLICATION FOR A	DO NOT WRITE IN THIS AREA	

APPLICATION FOR A
- ☐ FIRST SOCIAL INSURANCE NUMBER CARD
- ☐ REPLACEMENT CARD
- ☐ LEGAL CHANGE OF NAME(S)
- ☐ CHANGE OF STATUS
- ☐ UPDATE TO RECORD (no card will be issued)
- ☐ CHANGE TO THE EXPIRY DATE
- ☐ OTHER - SPECIFY _____

INFORMATION CONCERNING THE APPLICANT — PRINT CLEARLY IN BLUE OR BLACK INK

1. NAME TO BE SHOWN ON CARD — First Given Name / Other Given Names (to be printed on card) / Family Name
2. DATE OF BIRTH — Day / Month / Year
3. GENDER — ☐ Male ☐ Female — ☐ Check if you are a twin, triplet, etc.
4. MOTHER'S NAME (at birth) — Given Name(s) / Family Name
5. FATHER'S NAME — Given Name(s) / Family Name
6. APPLICANT'S PLACE OF BIRTH — City, Town or Village / Province / Country
7. APPLICANT'S FAMILY NAME AT BIRTH
8. OTHER FAMILY NAME(S) PREVIOUSLY USED
9. HAVE YOU EVER HAD A SOCIAL INSURANCE NUMBER? ☐ No ☐ Yes
10. IF "YES", WRITE YOUR NUMBER HERE
11. STATUS IN CANADA — Check one of the following: ☐ Canadian Citizen ☐ Registered Indian ☐ Permanent Resident ☐ Other
    Are you currently residing in Canada? ☐ Yes ☐ No
12. Home Telephone Number ( ) / Daytime Telephone Number ( )
13. MAIL TO (Address where you want your card to be sent) — In care of (if different than item 1) / Number and Street / Apartment No. / City, Town or Village / Province / Postal Code
14. If the applicant is under 12 years of age, the father, mother or legal guardian must sign and indicate his/her relationship. If you are a guardian, you must submit a document showing proof of legal guardianship. If "X" is used as a signature, have two witnesses sign here.
    APPLICANT'S SIGNATURE / Date

The name(s) formerly used will be maintained in the Social Insurance Number register. Information collected on this form is used for the purpose of issuing Social Insurance Numbers. Its collection is authorized by the Employment Insurance Act. For more details on the uses and rights concerning inspection and correction of the information, refer to the publication Info Source, Bank No. HRDC PPU 390, available in Human Resource Centres of Canada and major public libraries.

IT IS AN OFFENCE TO KNOWINGLY APPLY FOR MORE THAN ONE SOCIAL INSURANCE NUMBER AND TO GIVE OR LEND YOUR CARD TO ANYONE.

DO NOT WRITE BELOW - FOR LOCAL OFFICE USE ONLY

A. ALL NAMES AS SHOWN ON PRIMARY DOC. — Given Names / Family Name
B. DATE OF BIRTH AS SHOWN ON PRIMARY DOC. — Day / Month / Year
C. PRIMARY DOCUMENT SEEN — Abbreviation
D. NUMBER ON DOCUMENT
E. SUPPORTING DOCUMENT SEEN — Abbreviation
F. LOCAL OFFICE FAX NO.
   CERTIFICATION STAMP
G. FEE PAID — Amount $ / Receipt No.
H. REMARKS / REASON FOR PRIORITY REQUEST
   Usercode

NAS-2120-(05-04)   (Internet version)   Canada

002 영문 이력서 작성하기

Canada

영어권에서는 일반적으로 취업할 때 자기소개서(Cover Letter)와 이력서(Resume) 2가지를 제출한다. 회사에서는 이 두 가지 서류를 검토한 후 회사에 필요한 인재인지 아닌지 심사하고 긍정적이면 지원자에게 면접(Interview)을 요청한다.

자기소개서 (Cover Letter)

좋은 조건의 일자리는 많은 지원자가 지원해 언제나 경쟁이 치열하며, 수많은 지원서류 중 채용담당자의 관심을 끌지 못하는 서류는 자세한 검토 없이 폐기되기 마련이다. 그러므로 자기소개서는 담당자가 관심을 끌도록 매력적이어야 하고 이력서는 지원자의 이력에 관해 자세하면서도 장점을 최대한 보여줄 수 있어야 한다.

뭐라고 적어야 할까?

• 자기소개서 작성 요령
1) 받는 이 정보: 담당관 이름과 직책, 회사명과 주소
2) 지원경위: 지원하는 자리와 어떻게 채용정보를 접하게 되었는지 명시하고, 자신이 해당 업무의 적임자임을 강조한다.
3) 회사 이해도: 지원한 회사의 정보와 회사에서 무엇을 원하는지 잘 알고 있음을 밝히고 왜 이 회사에서 일하고 싶은지 명시한다.
4) 자신의 능력: 지원업무와 관련 있는 자신의 능력을 명확히 설명해서 담당관으로 하여금 이력서(Resume)의 세부정보를 읽고 싶도록 유도한다.
5) 추가적인 능력 설명: 직책에 필요한 추가적인 능력이 있으면 적고 앞에 이미 충분히 설명했다면 생략한다.
6) 인터뷰 요청: 추가 필요사항이 있을 경우에 연락요망
7) 서명
8) 지원자 연락처

작성 시 주의사항

- 한 페이지를 넘지 않는 분량으로 한다.
- 문장은 담당관이 읽기 쉽도록 짧고 간결하게 작성한다.
- 자신의 능력이 얼마만큼 회사에 보탬이 될 수 있는지 잘 설명한다.
- 채용담당관은 지원자의 능력만큼이나 해당 분야에 대한 관심과 의욕도 중요하게 생각한다.
- 자기소개서 없이 이력서만 보내는 일이 없도록 한다.

Cover Letter

September 22, 2009

① Charles Moore, Office Manager
Kentrex Co., Ltd.
Suite 310, 421 Hastings st.,
Vancouver, BC V5H 6Y7

Dear Mr. Charles Moore:

② I am pleased to respond to your advertisement for a receptionist as advertised in the Chronicle Herald on (date). My qualifications very closely meet the needs outlined in the advertisement.

③ I have read about Kentrex Co., Ltd in our local newspapers and am familiar with your chemical-cleaning products and the environmental services you offer to manufacturers. I would be very interested in working for a company that is helping the environment and also has an excellent reputation as an employer in our community.

④ As you will see in the attached resume, I have worked as a receptionist at RB Enterprises for five years where I handled incoming calls, mail and courier services. During that time, I also assisted with the selection of the Signex 320 telephone system and trained others in its use.

⑤ I am familiar with Windows-based systems and am proficient with Office 2000 and WordPerfect 8. I am also familiar with spreadsheet programs such as Excel.

⑥ I would be pleased to review my qualifications in more detail during an interview with you. If you have any questions, please don't hesitate to call me.

Thank you for considering my application.

Yours truly,

⑦ (서명)

⑧ Gildong Hong
#1023-1234 Davie st.,
Vancouver, BC V6G 1E2
Phone: (604) 608-○○○○
E-mail: ○○○○○@○○○○.○○○

영문 이력서 Resume

채용담당자가 이력서를 읽기 시작한 후 내용을 더 자세히 봐야 할지 아닐지를 판단하기까지 1분도 채 걸리지 않는다. 지원자는 그 짧은 시간 안에 이력서가 담당자의 관심을 끌 수 있도록 인상적인 이력서를 만들어야 한다.

- 이력서 구성요소

1) Personal Details(개인정보): 이름, 전화번호, 이메일, 주소
2) Personal Profile or Job Objective(약력): 해당 직업에 대한 지원자 소개나 지원내용을 3줄 미만으로 간략하게 작성
3) Career & Related Accomplishments(관련 분야 성과): 관련 분야에서 주목할 만한 실적
4) Work Experience(경력): 관련된 경력의 직책, 근무기간, 실적 등 기재(아르바이트, 자원봉사 등)
5) Education Details(학력): 출신 학교와 학위, 자격증 등(경력자는 경력을 먼저 기재)
6) Language Ability(영어능력): Cambridge, TOEFL, TOEIC, IELTS 등 국제인증시험 점수나 어학연수기관 재학 사실도 기재
7) License & Certificate(자격증, 수료증): 보유 자격증과 수료증
8) Award(수상경력): 장학금, 경연대회 등 자신의 수상경력 기재
9) Professional Affiliations & Interests(관련 활동 또는 관심): 관련 단체 가입 등의 정보(만약 기재내용이 도움될 정보가 아니라면 적지 않는다.)
10) References(추천인): 추천인이 없더라도 References are available on request 라는 문구를 이력서 하단에 항상 기재하도록 한다.

작성 시 주의사항

- 회사의 채용목적과 관련 분야에 초점을 맞춘다.
- 자신의 기술, 능력, 경력, 성취 등을 명확하게 표현한다.
- 자신이 어떠한 부분에 회사에 보탬이 될 수 있는지 설명한다.
- 북미지역의 Resume에는 성별과 생년월일이 포함되지 않는 것이 일반적이다.

RESUME

① Sunhee Kim
#102-319 Davie street,, Vnacouver, BC V6E 3B5
Telephone: (604) 687-8596   E-mail: ○○○○○@○○○○.○○○

② OBJECTIVE: Entry Level Architectural Drafting/Design

HIGHLIGHTS OF QUALIFICATIONS
-Strong CAD skills
-Experience in many areas of light construction
-Ability to turn general ideas into drawings
-Enjoy working with clients to develop suitable designs

③ SKILLS & ACCOMPLISHMENTS

Drafting
-Create full sets of working drawings using Auto CAD(13, 14) and board tools
-Layout of electrical and plumbing systems
-Calculate and dimension structural members
-Interpret blueprints

Design
-Create and redesign residential and light commercial plans using client profiles and flow diagrams
-Draw perspectives, isometric and freehand sketches
-Build models

Technical
-Develop specifications and cost estimates
-Sight survey for elevations and contours

④ EXPERIENCE
Architectural Drafting Intern - Hankook Design Service, Seoul, Korea (2007)
General Construction - Various Construction Companies in Korea (2004~2006)
Additional work included part-time sales and customer service positions

⑤ EDUCATION
Diploma in Industrial design - Hankook Design College, Seoul, Korea (2002~2004)
High school diploma - Korea high school, Seoul, Korea (1999~2001)

⑥ LANGUAGE ABILITY
Business English Program - International Language Schools of Canada, Vancouver
(April 2008 ~ October, 2008)
TOEFL Score: 600 (2007)

⑩ REFERENCES AND PORTFOLIO AVAILABLE ON REQUEST

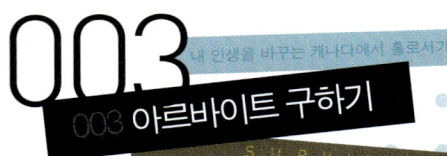

003 아르바이트 구하기

Canada

캐나다의 고용시장은 최근 기록적인 내수경기의 활황으로 많은 일자리가 창출되고 있으며 일부 지역은 심각한 인력난으로 과거보다 더 쉽고 좋은 조건으로 아르바이트를 구할 수 있다. 하지만 언어문제와 발달하지 않은 소비문화에 의해 경쟁력이 없는 지원자는 여전히 캐나다에서 일할 기회가 많지 않다. 전공과 특기, 경력, 자격증 등을 고려해서 어떤 일이 가장 자신에게 적합한지 생각해보자.

한국식당, 일본식당, 패밀리 레스토랑 (웨이트리스, 요리, 주방보조 등)

캐나다에 도착해서 초기에 가장 쉽게 구할 수 있는 아르바이트로, 토론토와 밴쿠버 등 대도시의 한국식당과 일본식당에서 많은 학생이 일하고 있다. 조리사 자격증이나 관련 경험이 있다면 좋은 조건의 일자리를 구할 수도 있다. 높은 수준의 영어실력을 요구하지 않으며 손님이 많은 가게는 급여보다 팁을 더 많이 받기도 한다. 캐나다에서는 음식값의 10~15%를 팁으로 주는 것이 매너로 통한다.

호텔 (하우스키핑, 주방보조, 웨이터, 프런트데스크 등)

로키산맥의 밴프(Banff)와 재스퍼(Jasfer) 주변이나 휘슬러(Whistler) 리조트 등 유명한 관광지에는 호텔이 많다. 객실을 청소하는 하우스키핑은 영어를 잘 못해도 지원할 수 있으며 숙식이 제공되는 호텔이 많다. 특히 휘슬러는 2010년 동계올림픽 개최로 일자리가 많이 늘면서 시간당 $14 이상의 높은 임금을 주는 곳도 많다. 휘슬러에는 스키장뿐만 아니라 급류 타기, 산악자전거, 골프, 암벽등반 등 다양한 레포츠가 많아서 세계 각국에서 온 학생들을 만나볼 수 있다.

커피/샌드위치 전문점

북미에는 커피와 샌드위치 전문점이 많아서 수시로 아르바이트나 직원을 모집한다. 한국 식당이나 하우스키핑 등의 일보다 영어를 쓸 기회가 많아서 영어실력 향상에 도움이 될 수 있다.

스키장 (식당, 리프트, 렌털 등)

스키와 스노보드를 좋아하는 사람이라면 휘슬러, 밴프, 재스퍼 등의 유명 스키장에서 즐겁게 일할 수 있다. 스키장에는 식당, 리프트, 스키 용품점 등 다양한 일자리가 있으며 일하지 않는 시간을 이용해 스키와

스노보드를 즐긴다. 캐나다는 겨울이 긴 편이라 스키장이 11월부터 5월 정도까지 영업한다.

대형마트, 슈퍼마켓, 쇼핑센터

Safeway나 Walmart 등의 슈퍼마켓이나 대형마트도 많은 직원을 필요로 한다. 재고관리, 계산대, 배달 등 여러 부서가 있으며 한인 슈퍼는 높은 영어실력을 요구하지 않아 처음 캐나다에 도착한 사람도 무리 없이 일할 수 있다.

어린이, 노약자, 장애인 돌보기

캐나다에는 어린이, 노약자, 장애인 등을 돌보는 아르바이트가 적지 않다. 숙식을 해당 가정에서 해결하는 경우와 출퇴근하는 형식으로 나눌 수 있으며, 대부분 시간을 영어로 대화하며 보내기 때문에 일하면서 영어공부에도 많은 도움이 될 수 있다. 하지만 지원자에게 응급상황 대처요령 등 자격이나 해당 프로그램 이수를 요구하는 곳이 많다. 현지인들의 생활을 직접 체험하기 좋지만 항상 주의를 기울여야 하는 쉽지 않은 일이기도 하다.

관광가이드

최근 한국 관광객들의 캐나다 방문이 많이 증가하면서 한국인을 대상으로 하는 관광가이드 역시 꽤 늘었다. 활달한 성격에 관광정보에 밝고 영어를 잘한다면 한번 도전해볼 만한 일자리다.

일반 사무직

개인의 능력에 따라 업무내용은 많이 다르다. 영어능력이 부족한 사람  은 복사, 자료정리 등 단순한 사무보조만을 담당하겠지만, 영어능력이 뛰어나고 해당 분야에 관한 전문지식을 가진 사람이라면 더 전문적인 업무진행이 가능할 것이다.

미용 관련

캐나다보다 발달한 한국의 미용기술로 캐나다의 미용실이나 네일아트 등에서 많은 한국인이 일하고 있다. 한국에서 이 분야의 경험이 있는 사람이라면 캐나다에서 어렵지 않게 자격증을 취득할 수 있을 것이다.

간호사, 방사선사, 치위생사, 초음파사 등 의료 관련

캐나다는 오래전부터 의료인력 부족으로 국외로부터 일정 자격을 갖춘 사람을 초청해 일할 기회를 제공하고 있다. 의료 관련 업종에서 일하면 어렵지 않게 영주권 획득도 가능하다. 하지만 엄격한 자격제한(토플 점수, 국가고시 합격 여부, 경력 등)을 두기 때문에 반드시 어떤 과정으로 취업하게 되는지 사전에 정확한 정보를 알아보는 것이 좋다.

농장 또는 공장

따뜻한 BC 주와 대평야 지대인 서스캐처원 주, 매니토바 주에는 농장 일을 할 수 있는 곳이 많고, 공업지대인 온타리오 주 동부지역에는 공장 일자리가 많다. 비교적 단순업무로 일반인이 선호하지 않아 쉽게 일자리를 구하는 편이지만, 도심에서 멀리 떨어진 시골이나 외진 곳에서 일해야 하는 경우가 많다.

각 주별 법정 최소 시급(Minimum Wage)

- Alberta (Calgary, Edmonton 등의 도시): C$8.40
- British Columbia (Vancouver, Victoria 등의 도시): C$8.00
- Manitoba (Winnipeg 등의 도시): C$8.50
- New Brunswick (Saint John 등의 도시): C$7.75
- Newfoundland (St. John 's 등의 도시): C$8.00
- Nova Scotia (Halifax 등의 도시): C$8.10 (2009년 4월 C$8.60로 인상)
- Ontario (Toronto, Ottawa 등의 도시): C$8.75 (2009년 3월 C$9.50로 인상)
- Prince Edward Island (Charlottetown 등의 도시): C$8.00
- Quebec (Montreal, Quebec-city 등의 도시): C$8.50
- Saskatchewan (Saskatoon, Regina 등의 도시) C$8.60 (2009년 5월 C$9.25로 인상)

트럭/중장비 운전, 목수, 용접공 등 건설기술자

최근 캐나다 건설경기의 활황으로 건설기술자들의 채용이 기록적으로 증가했으며 급여도 아주 높은 편이다. 건설 관련 기술을 가진 사람은 일정 수준의 영어능력만으로 큰 어려움 없이 일자리를 구할 수 있다. 좋은 대우와 근무환경에서 일하며 영주권까지도 바라볼 수 있다.

Part-time Jobs

Jenny: Hello. I'm calling about your ad in the newspaper. Are you still looking for a staff?
제니: 여보세요. 신문광고를 보고 전화 드리는데요. 아직 직원을 구하세요?

Manager: Yes, we are. Do you have any experience at a restaurant?
매니저: 네, 식당에서 일해본 경험이 있나요?

Jenny: Yes, I used to work as a part-time waitress.
제니: 네, 아르바이트로 웨이트리스 해봤어요.

Manager: Can you come for an interview tomorrow afternoon?
매니저: 그럼 내일 오후에 면접 보러 오실 수 있어요?

Jenny: Yes, I'll see you tomorrow.
제니: 네, 그럼 내일 찾아갈게요.

Manger: OK, see you then.
매니저: 네, 그때 뵐게요.

일자리 구하기

• 게시판 광고 보고 지원하기

길거리, 식당, 도서관 등 사람들이 많이 모이는 공공장소에서 다양한 광고가 붙은 게시판을 쉽게 찾을 수 있다. 이런 게시판에 붙은 일자리는 대부분 도심의 평범한 아르바이트로 특별히 신청자의 자질보다는 먼저 연락하는 사람에게 기회를 줄 때가 많으므로 관심 있는 사람은 바로 연락하는 것이 좋다. 상점이나 식당의 창문에 붙은 광고를 보고 직접 문의하는 경우 만약 책임자가 부재중이라면 다른 사람에게 문의하는 것보다 담당자가 돌아오는 시간을 확인하고 다시 방문해서 물어보는 것이 좋다.

• 채용정보 사이트 이용하기

취업 사이트에서는 비교적 정확한 회사정보와 근무조건을 확인할 수 있으며 회사에서 원하는 자격기준 역시 자세히 나와있다. 구인정보를 확인하려면 보통 회원가입이 필요하며 자신의 신상, 특기, 경력 등을 입력하고 채용공고를 확인한다. 일반적으로 이메일을 통해 이력서를 제출하고 궁금한 점은 전화로 연락해서 문의하면 된다. 채용정보 사이트 외에도 각 지역의 유명 리조트, 호텔, 회사 등의 홈페이지에서 채용공고를 확인할 수 있다.

http://www.jobbank.gc.ca/

• 신문 보고 지원하기

지역신문이나 정보지 등은 매일 혹은 일주일 단위로 발행된다. 지역 내 유명 식당이나 한인상가, 식품점, 유학원 등에서 무료로 구할 수 있으며 길거리의 무인 판매대에서 유료로 판매하는 것도 있다. 짧은 시간 동안 발품을 팔지 않고 쉽게 많은 정보를 얻을 수 있는 것이 장점이지만 많은 사람이 보는 신문인만큼 이미 채용이 끝난 경우도 있다. 구인광고를 통해 간략한 업무내용, 급료, 근무조건 등을 확인할 수 있으니 연락해서 면접날짜를 잡아보자. (The Province, TheStar.com, Vancouver sun, Toronto Sun, Calgary Sun, Calgary Herald, 벤조선, 중앙일보, 한국일보 등)

> 지역신문에 기재되는 채용관련 표현들
> F/T: Full-time Job
> P/T: Part-time Job
> Immed./Urgent: 급히 구함
> Temp.: 임시직
> Reliable: 믿고 맡길 사람
> Exp'd: 유경험자
> Experience an asset: 유경험자 우대
> Lic./Journeyman: 자격증 보유자

- 주위 사람에게 소개받기 추천서

북미지역에서는 직원을 뽑을 때 지원자의 인성과 전 직장 근무자세 등 주위의 평가에 놀라울 정도로 높은 비중을 두기 때문에 지원 시 함께 제출하는 추천서는 생각 이상으로 큰 영향력을 가진다. 이는 캐나다의 많은 회사에서 공개채용보다는 소개를 통해 신용이 보증된 사람이나 유사업종의 인사들로부터의 추천자를 우선 채용하는 이유이기도 하다. 그러니 캐나다에 도착하면 지역의 종교단체, 친목모임 등에 적극적으로 참여해서 인맥을 넓히고 자신의 장점과 특기를 사람들에게 알리는 것도 좋은 방법이다.

- 인턴십 과정 이용하기

최근 늘어나는 일자리와 인턴십에 대한 관심 증가로 많은 영어학교에서 일정기간 영어와 전문교육 이수 후 유급 일자리가 제공되는 프로그램을 개설하고 있다. 학생 비자로 공부하는 학생은 이 프로그램을 통해 인턴십 성격의 취업 비자(Work permit)를 발급받을 수 있으며, 영어실력과 전문지식을 쌓은 후 유급 인턴십에 해당하는 취업지원을 받는다. 하지만 교육기관별로 프로그램 참여자들의 만족도가 많은 차이를 보이는 만큼 등록 전 자신의 의도와 진로에 적합한 프로그램인지, 믿을만한 교육기관인지 다시 한 번 확인하고 등록하도록 한다.

Job Interview

Jenny: Hi. My name is Jenny and I'm here for an interview.
제니: 안녕하세요. 오늘 면접을 보기로 한 제니입니다.

Manager: Hi. Did you bring your résumè? (rezumei)
매니저: 안녕하세요. 이력서 가지고 왔어요?

Jenny: Yes, here you are.
제니: 네, 여기 있습니다.

Manager: Hmm, how long have you been in Canada?
매니저: 음, 캐나다에 온 지 얼마나 됐나요?

Jenny: I've been here for 4 months. I am on a working holiday.
제니: 여기 온 지 4개월 됐어요. 워킹홀리데이 비자에요.

Manager: Can you work on weekends?
매니저: 주말에도 일할 수 있어요?

Jenny: Yes, I can work any time after school.
제니: 네, 방과 후엔 언제라도 할 수 있어요.

Manager: That sounds good.
매니저: 그거 잘됐네요.

Jenny: How many days can I work a week?
제니: 일주일에 며칠이나 일할 수 있나요?

Manager: About 3 or 4 days. Can you start to work from this weekend?
매니저: 3~4일 정도요. 이번 주말부터 시작할 수 있어요?

Jenny: Sure I can. Thank you.
제니: 물론이죠. 고마워요.

004 학생 비자로 일하기

저렴한 비용으로 어학연수를 하는 것은 언제나 많은 학생의 최대 관심사다. 최근 캐나다에 많은 일자리가 생기면서 적절한 비자와 영어능력을 겸비한 학생은 예전보다 쉽게 일자리를 구해 공부하며 일도 할 수 있게 되었다. 하지만 비자 없이 불법으로 일하다가 발각되면 계획된 학업을 모두 마치지 못하고 한국으로 조기 귀국해야 하는 극단적인 상황이 생길 수도 있으며, 적절한 영어능력 없이 일을 시작하면 청소나 업무보조 등 단순업무만 하다가 결과적으로 귀중한 캐나다 생활을 의미 없이 보낼 수도 있으니 신중하게 판단해야 한다.

1) 산학연계와 인턴십 프로그램
교육기관에서 제공하는 일부 프로그램은 현장실습 등이 교육내용에 포함되어 있으며 참가자는 취업허가를 받은 후 학업과 현장실습을 병행할 수 있다. 산학연계와 인턴십 프로그램의 현장실습기간은 총 프로그램 기간의 50%를 초과할 수 없다.

2) 학교 내 아르바이트
캐나다에서 학생 비자로 대학 등의 정규학교에서 공부하는 학생은 취업허가가 없어도 식당이나 도서관 등 학교 내에서 일할 수 있다.

3) 학교 외부 아르바이트
캐나다에서 학생 비자로 풀타임 학생신분으로, 주 정부와 Off campus work agreement가 체결된 공립 교육기관이나 주 정부로부터 학위수여가 인가된 사립교육기관에 재학 중인 학생은 학교 외 아르바이트가 허용된다.

4) 졸업 후 취업
캐나다에서 학생 비자로 공/사립대학에서 정규과정(8개월~2년 이상)을 이수한 학생은 졸업 후 일할 기회를 얻을 수 있다. 2008년 4월 개정된 캐나다 이민국의 졸업 후 취업에 대한 규정으로 지원자들은 별도의 Job offer 없이 Open work permit 형식의 취업 비자를 신청해 발급받게 된다. 2년 미만의 과정을 공부한 학생은 자신이 공부한 기간만큼, 2년 이상의 과정을 공부한 학생은 최장 3년까지 졸업 후 취업 비자를 받을 수 있다.

5) 배우자 취업
캐나다에서 학생 비자로 풀타임으로 공부하거나 정규과정에 재학 중인 학생의 배우자는 취업 비자를 신청할 수 있다. 배우자가 취업 비자를 취득하는 경우 보통 배우자가 공부하는 기간만큼 취업활동을 허가 받게 되므로 배우자의 학업에 재정적인 도움을 줄 수 있다.

인턴십 제대로 알기
최근 학생 비자로 영어도 공부하고 현장실무경험을 통해 경력도 쌓을 수 있다는 기대로 인턴십에 대한 관심이 어느 때보다도 뜨겁다. 하지만 인턴십 프로그램의 본질과 캐나다로 향하는 자신의 목적을 제대로 파악하지 못하고 막연한 기대를 품고 '그냥 하면 되겠지!'라며 경솔하게 판단하면 시간과 돈만 허비하다 돌아오게 된다고 먼저 경험했던 많은 학생이 이야기한다. 영어능력이 충분히 갖춰지지 않은 학생의 캐나다 취업활동은 오히려 독이 될 수 있고, 특히 영어공부에 전혀 도움이

되지 않는 저임금의 단순노동은 유학생활의 소중한 시간만 낭비하게 한다. 인턴십 프로그램을 신청하기에 앞서 직장에 배정될 시기에 자신의 영어실력은 어느 정도일지, 어떤 직장에서 어떤 업무를 맡게 될지, 인턴십이 정말 자신의 목적에 맞고 영어능력 향상에 효과적일지 등을 신중하게 생각하고 판단하는 것이 좋다.

1) 인턴십의 정확한 목적과 효과

인턴십 프로그램의 근본 목적은 일정 수준의 영어실력을 갖춘 학생이 현장실습을 통해 업무에 필요한 현장 영어를 익히고 경험을 쌓는 것이다. 영어공부를 주목적으로 하는 학생이 인턴십에 참가해 적절한 영어능력을 갖추기 전에 일자리로 배치된다면 제대로 된 실무경험은커녕 오히려 시간만 허비하게 된다. 그런 경우 업무에 필요한 충분한 의사전달 능력이 부족하기 때문에 주된 업무에 참여하지 못하고 영어가 별로 필요없는 사무실 정리나 잔심부름 등의 단순노동만 하게 되기 때문이다. 막연한 기대와 소화해내기 어려운 욕심은 자칫 시간과 비용만 허비하게 될 수도 있다는 사실을 명심하자.

2) 믿을 수 있는 확실한 인턴십 고르기

최근 학생들의 많은 관심으로 수많은 교육기관에서 영어공부와 일을 함께하는 프로그램을 제공하고 있다. 하지만 현재 무분별하고 검증되지 않은 정보들이 난무하고 있으며 어떤 곳은 학생들을 유치하고자 신청자의 영어능력에 상관없이 조건 없는 취업이나 이민까지 보장하는 등 부풀려진 광고를 하기도 한다. 고용주의 관점에서 장점이 없는 취업희망자를 고용할 리 없다는 사실을 조금만 생각해보면 상식적으로 이해할 수 있을 것이다. 프로그램 선택 시 영어학습 기간과 자신이 일자리에 배치되는 시기 등을 고려해 정말 자신에게 도움될지를 냉철하게 판단해야 한다.

3) 현재 나의 위치는?

인턴십 참가자는 일정기간 영어수업을 받은 후 고용주와 면접을 보고 직장에 배치된다. 캐나다에도 다양한 직업이 있지만 인턴십 과정의 현장실습은 호텔, 식당, 커피숍, 할인매장 등 어렵지 않은 서비스 업종이 대부분이다. 처음부터 너무 욕심내지 않고 자신의 능력을 잘 알고 내게 가능한 일은 어떤 것인지, 자신의 목적을 위해 가장 효과적인 현장실습을 할 수 있는 곳이 어느 곳인지 잘 판단한다.

4) 유급 인턴십 or 무급 인턴십
단순업무지만 돈을 주는 유급 인턴십과 돈은 주지 않지만 영어활용기회가 많고 자신의 전공이나 목적에 적합한 무급 인턴십 중 어느 곳을 선택할 것인가? 물론 돈도 벌며 양질의 인턴십을 하는 것이 가장 좋겠지만 부족한 영어실력과 해당 분야의 충분한 경험이 없는 사람에게 그런 자리는 벅찰 수 있다. 캐나다까지 온 이유를 먼저 생각해보고 단순히 돈벌이에 현혹되지 말고 캐나다에서의 소중한 시간을 효과적으로 보내는 길이 무엇인지 생각해보자.

5) 인턴십은 학교가 아니라 실전
영어가 모국어가 아니고 관련 분야에 경험이 없는 학생에게 인턴십 프로그램은 교육기관에서 영어공부만 하는 것보다 훨씬 더 힘들다는 사실을 알아야 한다. 부족한 영어로 말미암은 의사소통의 어려움, 문화 차이에서 오는 외로움, 직원들과의 인간관계, 업무에서 오는 스트레스 등 예상하지 못했던 많은 일이 발생할 것이다. 성공적인 인턴십 프로그램은 결코 쉬운 일이 아니니 단단히 각오하고 공부해야 한다.

6) 직장에서의 인간관계

어떤 조직을 막론하고 구성원 내의 원만한 인간관계는 아무리 강조해도 지나침이 없다. 인턴십 프로그램을 성공적으로 마치는 데 직장에서의 인간관계는 업무능력 못지않게 중요하다. 먼저 직장 내 환경과 분위기를 신속히 파악해 이방인처럼 보이지 않도록 노력하고, 언제라도 조언이나 도움을 청할 수 있는 동료를 한 명 이상 만들어두자.

7) 자신감과 열정으로 동료를 감동시켜라!

전혀 새로운 환경에서 그것도 모국어가 아닌 영어로 현장에서 일하기는 결코 쉬운 일이 아니다. 여러 번 좌절하고 힘들어 포기하고 싶을 때도 있을 것이다. 하지만 부족한 언어와 경험이지만 자신감 있게 적극적으로 행동한다면 주위의 동료는 그 열정에 감동해 더 이해하고 도와주려고 노력한다. 머나먼 외국에서 영어를 사용하며 열심히 일하는 자신을 자랑스럽게 생각하고, 뭐든지 할 수 있다는 자신감과 긍정적인 사고 방식을 가지면 어떤 어려운 상황에서도 잘 해결할 수 있을 것이다.

005 자원봉사(Volunteer) 하기

캐나다에서 지내는 동안 자원봉사활동을 통해 남을 돕고 뜻깊은 시간을 보낼 수 있다. 아울러 현지인들과 밀착된 활동을 하면서 그들의 생활방식과 문화를 알아갈 수 있으며, 특히 영어를 목적으로 캐나다에서 공부하는 학생들은 영어사용 기회를 높이고 자칫 단조로워질 수 있는 반복되는 연수생활에 신선한 활력을 줄 수 있을 것이다.

자원봉사는 단기 이벤트로 하루 몇 시간 하는 것에서부터 정기적으로 3개월 이상 일주일에 2~3회 봉사하는 활동 등 기간이 다양하다. 자원봉사 참여자는 캐나다의 예술, 스포츠, 건강, 교육, 사회와 지역 복지 등 다양한 분야의 비영리사업이나 자선단체행사 등에서 일하게 된다.

자원봉사 종류
★예술, 문화 관련 자원봉사
박물관, 자선 음악회, 지역 이벤트 행사, 기념인 행사 등 다양한 예술과 문화 관련 행사에서 안내, 통역, 설치 등

★지역사회 봉사/발전 자원봉사
지역사회의 각종 이벤트나 정기적인 봉사활동에서 안내, 통역, 요리 등

★교육 관련 자원봉사
교민들에게 한글/영어 교육, 노인들에게 스포츠 교육, 장애인 음악 교육 등 자선교육기관의 활동

★병원/ 양로원/ 복지원/ 보육원/ 교도소 등 방문 지원활동
사회적인 지원이 필요한 각 단체를 방문해 간호, 설거지, 청소, 기념행사 등의 자원봉사에 참여

★국제행사, 계절별 축제, 지역 기념행사 관련 자원봉사
국가적으로 개최되는 각종 국제행사, 지역별 축제나 기념행사에 참여해 방문자 안내, 통역, 업무보조 등의 서비스 제공

★각종 자선단체 업무지원 자원봉사
소아암 협회, 비영리 장애인 단체, 종교 단체 등의 운영과 행사진행 보조업무 활동

★이민과 정착 관련 자원봉사
이주자들을 대상으로 통역, 지역생활정보 안내, 영어교육 등

★지역 공공단체 관련 봉사활동
각 지역 공공단체에서 진행하는 업무에 자원봉사로 참가

★전화안내 관련 자원봉사
지역주민이나 기관의 회원들에게 이벤트 행사일정, 변경사항, 행사 참여/준비 등의 소식을 전화로 안내해주는 자원봉사

자원봉사 구하는 방법

자원봉사를 구하기 전에 먼저 내가 참여할 수 있는 시간, 장소, 관심분야 등을 고려해서 가장 효과적이고 유익한 활동을 할 수 있도록 노력한다.

★자원봉사를 찾을 때 고려할 사항들
- 학업에 방해되지 않고 자원봉사에 할애할 수 있는 시간은 어느 정도인가?
- 정기적인 봉사활동과 단기적인 행사에 관련된 봉사 중 어디에 참여할 것인가?
- 내가 원하는 분야의 자원봉사가 일정 자격이나 경력을 요구하는가?
- 주거지역이나 학교 중에서 어느 곳과 가까운 곳에서 자원봉사를 할 것인가?

1) 자원봉사 웹사이트 참조하기

웹사이트를 통해 내가 원하거나 내게 적합한 다양한 자원봉사를 알아볼 수 있다. 지역별, 분야별로 검색이 가능해 짧은 시간에 많은 자원봉사 정보를 수집하는 것이 가능하다.

대표적인 자원봉사 웹사이트

- http://www.volunteer.ca/
- http://www.govolunteer.ca/
- http://www.communitylink.ca/
- http://www.volunteerbc.bc.ca/
- http://www.volunteeralberta.ab.ca/
- http://www.volunteervancouver.ca/
- http://www.volunteertoronto.ca/
- http://www.volunteercalgary.ab.ca/

2) 자원봉사센터와 지역사회센터 방문하기

각 지역에 있는 자원봉사센터(Volunteer centre)와 지역사회센터(Community centre)를 직접 방문해서 직원에게 문의하거나 게시판에 붙은 자원봉사 정보를 참고할 수 있다. 지역사회센터는 한국의 사회복지관과 비슷한 성격의 지역 센터로 교육, 문화 등 지역사회 발전을 위한 여러 비영리 프로그램을 운영하고 있다.

지역별 자원봉사센터

Volunteer Vancouver
1183 Melville Street, Vancouver
Tel: (604) 875-9144

Volunteer Burnaby
14-250 Willingdon Avenue, Burnaby
Tel: (604) 294-5533

Volunteer Toronto
344 Bloor Street West, Suite 404, Toronto
Tel: (416) 961-6888

Volunteer Calgary
#1170 Kahanoff Centre, 1202 Centre Street, S.E. Calgary
Tel: (403) 265-5633

Banff Volunteer Centre
1 02 Spray Avenue P.O. Box 5148 Banff
Tel: (403) 762-7693

Volunteer Manitoba
410-5 Donald Street South Winnipeg
Tel: (888) 922-4545

Volunteer Regina
1440 Scarth Street, Regina
Tel: (306) 751-4750

3) 각 지역 축제 및 이벤트 자원봉사 지원하기

캐나다에서는 지역별, 계절별로 다양한 축제와 이벤트가 개최된다. 이러한 행사들의 일정은 각 지역 공공기관의 홈페이지나 방문을 통해 알 수 있으며, 축제와 이벤트의 주최 사무실로 연락해서 자원봉사에 대한 정보를 확인하고 신청해서 자원봉사 활동에 참여할 수 있다.

| 내 | 인생을 | 바꾸는 | 캐나다에서 | 홀로서기 |

캐나다 즐기기

Part 06

Canada

001 도시별 관광명소

내 인생을 바꾸는 캐나다에서 홀로서기

SURVIVAL ENGLISH

Canada

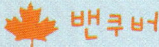 밴쿠버

스탠리 파크

밴쿠버 다운타운의 북서쪽에 있는 스탠리 파크는 다운타운의 규모와 비슷한 무려 4k㎡에 이르는 거대한 도시공원이다. 잘 보존된 원시 자연림, 수족관, 미니어처 기차, 토템폴 광장, 어린이 동물농장, 요트 선박장, 전망대 등이 있다. 9km에 이르는 해안 산책로를 따라 돌아보는 코스가 가장 인기 있으며, 인라인 스케이트를 타거나 마차투어를 하는 것도 좋은 추억이 될 수 있다. 다운타운과 스탠리 파크를 끼고 있는 잉글리시 베이는 도심 속의 해변으로 유명하며 수영이나 다양한 수상 스포츠를 즐길 수 있다. 잉글리시 베이에서 매년 7월 말에 열리는 불꽃놀이(Fireworks)는 세계적으로 유명한 행사로 수만 명의 인파가 해변과 도로를 가득 메우고 아름다운 불꽃놀이를 구경하는 장관을 연출한다.

http://www.city.vancouver.bc.ca/parks/parks/stanley/

찾아가는 방법 다운타운의 Robson st.을 따라 북쪽으로 도보로 약 10분 정도 거리에 위치. 버스는 다운타운에서 19번 이용

길이 137m, 높이 70m의 현수교로 캐필라노 협곡 사이를 연결한다.

캐필라노 서스펜션 브리지

1889년에 공사를 시작해서 1956년 지금의 모습으로 완성되었다. 울창한 숲이 펼쳐지는 다리 아래로 아름다운 캐필라노 강이 흐르며, 걸을 때마다 흔들리는 높이 70m에서의 짜릿한 스릴에 스트레스를 한 번에 날려버릴 수 있을 것이다. 아담한 연못과 정원, 100년 이상 된 울창한 나무들로 둘러싸인 조용한 숲길 등은 한가로운 주말에 연인과 함께 산책하기 좋은 장소다.

http://www.capbridge.com/

찾아가는 방법 밴쿠버 도심에서 약 30분 거리로 씨버스를 타고 노스밴쿠버의 Lonsdale Quay에서 하차 후 236번 버스를 타고 이동 (Grouse Mountain으로 가는 길목에 위치)

그랜빌 아일랜드

그랜빌 아일랜드는 밴쿠버 다운타운과 West Broadway street을 연결하는 Granville Bridge 아래에 있는 섬 아닌 섬(실제로는 폴스크리크에서 연결된 작은 반도)이다. 예전에는 공장지대였지만 1970년대 재개발되어 깔끔한 상업지구로 탈바꿈했다. 재래시장, 아트스쿨, 씨푸드 레스토랑, 전통유산으로 지정된 고

건물이 즐비한 이곳에서 캐나다의 야시장 분위기를 만끽할 수 있으며, 극장, 갤러리, 수공예 공방 등은 북미지역의 예술적 향취를 느끼게 한다. 현지인들에게도 주말 나들이 장소로 인기가 높고 여름에는 흥미로운 각종 공연과 다양한 이벤트가 열린다.

http://www.granvilleisland.com/

찾아가는 방법 밴쿠버 도심에서 약 15분 거리로 Granville st.에서 50번 버스를 타고 그랜빌 아일랜드 입구에서 하차. 4, 7, 8, 10, 16번 버스도 이용 가능

사이언스 월드

사이언스 월드는 커다란 돔 모양의 외관을 가진 과학관이다. 과학, 기술, 자연사 전시물을 감상하는 5개의 상설전시관과 특별전시관 그리고 3D 영화를 상영하는 사이언스 극장이 있다. 직접 체험하고 즐기면서 배울 수 있는 시설이 많아 놀이공원 못지않게 어린이들에게 인기가 많다. 세계에서 가장 큰 돔 스크린을 가진 옴니맥스 극장에서 아이맥스 영화가 항상 상영된다.

http://www.scienceworld.ca/
찾아가는 방법 Main st. 역에서 2분 거리

화이트 록

밴쿠버에서 약 45km 떨어진 미국과의 국경 근처 해변으로 인구 약 2만 명이 사는 평화롭고 아름다운 지역이다. 부유한 캐나다인들이 은퇴 후 이곳에서 노년을 보내고 싶어하는 곳으로 예술가들이 많이 살고 있다. 바닷가 거리는 각종 편의시설과 기념품 판매점, 그리고 여유롭게 커피 한잔을 즐길 수 있는 노천카페 등으로 잘 정리되어 있다.

http://www.city.whiterock.bc.ca/
찾아가는 방법 1) 밴쿠버의 Burrard 역 옆의 버스정류장에서 351번 이용 2) 밴쿠버에서 스카이트레인을 이용해 Expo Line 종점인 King George 역에 하차해 351번 이용

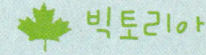
빅토리아

BC 주의사당

푸른색 돔형 지붕에 대리석으로 지어진 영국풍의 이 의사당은 BC 주의 주도인 빅토리아의 위용을 보여준다. 낮에는 무료 가이드 투어로 스테인드글라스와 거대한 벽화로 장식된 내부를 감상할 수 있고, 밤에는 건물 외곽을 따라 3,300개의 전구가 불을 밝혀 장관을 연출한다.
http://www.leg.bc.ca/
찾아가는 방법 다운타운의 Belleville st. & Government st. 에 위치

부차드 가든

104년 역사의 세계적인 명성을 자랑하는 서부 캐나다를 대표하는 정원이다. 1900년경 부차드 부부가 전 세계의 꽃과 나무를 모아 22만㎡ 달하는 넓이에 아름다운 테마별 정원을 가꾸어놓았다. 4가지 테마의 선큰 가든, 로즈 가든, 이탈리안 가든, 재패니즈 가든에서는 사계절 내내 꽃을 볼 수 있으며 연중무휴로 운영되어 관광객의 발길이 끊이지 않는다. 정원이라고 표현하기에는 부족한 이 엄청난 넓이의 부차드 가든은 반나절 정도의 충분한 시간을 갖고 여유 있게 둘러보는 것이 좋다. 여름마다 정기적으로 열리는 불꽃놀이는 낮에 보는 꽃의 아름다움과 더불어 불꽃의 화려함으로 신선한 즐거움을 선사한다.

http://www.butchartgardens.com/
찾아가는 방법 다운타운의 Bay Center 앞에서 75번 버스를 타고 부차드 가든 정문에서 하차

페어몬트 엠프레스 호텔

빅토리아에서 가장 오래된 역사적인 호텔로 담쟁이덩굴이 호텔 외관을 융단처럼 덮고 있어 색다른 고전미를 풍긴다. 유럽풍으로 장식된 호텔 내부는 숙박객이 아니어도 누구에게나 개방되며 골동품이 진열된 지하의 전시실 역시

관람할 수 있다. 아름다운 빅토리아 항구에서 석양이 질 무렵 호텔을 배경으로 촬영하는 기념사진은 많은 관광객에게 인기 있으며, 호텔에서 즐기는 애프터눈 티는 유명 관광코스 중 하나다.

http://www.fairmont.com/

찾아가는 방법 다운타운 Belleville st. & Government st. 에 위치 (주의사당에서 도보 2분)

미니어처월드

80개 이상의 과거 실제 풍경들이 미니어처들로 섬세하게 구성되어 마치 과거로 돌아간 듯한 착각을 불러일으킨다. 1880년경 캐나다 철도, 서커스단이 도시를 방문했을 때 시가행진과 줄타기 도중 사고 모습, 서기 2201년 상상 속의 우주여행, 버킹엄 궁전 문지기들의 변화 모습 등이 미니어처로 섬세하고 사실감 있게 연출되어 있다.

http://www.miniatureworld.com/

찾아가는 방법 다운타운 Belleville st. & Government st. 에 위치 (페어몬트 엠프레스 호텔 옆)

로얄 브리티시 콜롬비아 박물관

세계 10대 박물관 중 하나로 꼽히는 유명 박물관이다. 총 3층으로 BC 주와 밴쿠버 섬의 자연사와 문화, 역사를 압축해서 보여준다. 특히 동식물, 자연물의 모양과 소리, 냄새까지 생생하게 느낄 수 있는 2층 자연사 전시실 디오라마관이 흥미롭다. 3층 전시실은 1800년대 빅토리아 원주민의 집과 마을을 고스란히 재현해 당시의 생활상을

엿볼 수 있다.
http://www.royalbcmuseum.bc.ca/
찾아가는 방법 다운타운 Belleville st. & Government st.에 위치 (주의사당 건너편)

밴프 국립공원

1883년 캐나다 철도회사의 공사작업을 하던 3명의 인부가 로키산맥 동쪽의 온천을 우연히 발견하면서 캐나다의 첫 번째 국립공원이 되었다. 6,641 km²에 걸친 장엄하고 아름다운 계곡, 산, 빙하, 숲, 초원, 강 등은 밴프 국립공원을 세계적인 관광지로 소개하기 부족함이 없다.

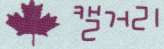 캘거리

http://www.banffnationalpark.com/
찾아가는 방법 다운타운 캘거리의 Fairmont Palliser Hotel, Marriott Hotel, 캘거리 공항에서 Brewster 관광 리무진 The Town of Banff & Village of Lake Louise 행 이용 (캘거리에서 #1 Highway를 따라 약 1시간 30분 이동)

레이크 루이즈

Canadian Rockies의 보물로 불리는 레이크 루이즈는 유네스코에서 지정한 세계 10대 절경 중 하나다. 밴프국립공원 내에 있으며 에메랄드빛의 아름다운 호수와 그 뒤편으로 펼쳐지는 빅토리아 빙하의 절경이 절로 감탄사를 자아낸다.

http://www.bannflakelouise.com/

콜롬비아 아이스필드

밴프 국립공원과 재스퍼 국립공원의 경계에 있는 $325km^2$ 넓이의 북극권의 남쪽지역 중 눈과 얼음의 가장 거대한 광장이다. 아이스필드의 얼음과 눈이 녹아 내린 물은 계곡과 강을 만들고 북극해, 대서양, 태평양에 엄청난 양의 물을 내려보내고 있다. 설상차를 이용해 빙하의 중앙 정상까지 약 5km를 이동하며 관광하는 동한 설상차의 안내원이 어떻게 빙하가 형성되는지 등 흥미로운 이야기들을 들려준다.

http://www.columbiaicefield.com/

재스퍼 국립공원

재스퍼 국립공원은 로키산맥의 가장 북쪽에 있으며 $10,878km^2$ 면적의 로키산맥 내 가장 큰 국립공원이다. 잘 보전된 생태계, 굴곡 있는 산악지역, Sunwapta Falls의 우레와 같은 폭포소리, 고요한 Mount Edith Cavell의 장엄한 모습, 천 년 된 Athabasca 빙하의 아름다움 등을 경험할 수 있으며 여행 후에는 Miette 온천도 즐길 수 있다.

http://www.jaspernationalpark.com/

찾아가는 방법 밴쿠버와 재스퍼에서 Greyhound 버스 운행, 재스퍼와 밴프에서 Brewster 관광버스 운행

캘거리 타워

캘거리의 상징이라고 할 수 있는 190.8m 높이의 타워로 고속엘리베이터를 타면 정상의 전망대까지 58초 만에 올라갈 수 있다. 타워에서 서쪽으로는 캘거리 다운타운은 물론 멀리 로키산맥이, 동쪽으로는 대평원이 펼쳐진 장관을 한눈에 볼 수 있다. 전망대 바닥과 벽, 천장이 모두 유리로 만들어져 있어서 하늘에 떠있는 듯한 아찔한 기분을 느끼게 한다. 회전식 레스토랑에서 세계적으로 유명한 캘거리 야경을 배경으로 즐기는 식사는 잊지 못할 추억이 될 것이다.

http://www.calgarytower.com/
찾아가는 방법 C-Train Centre st. 역에서 하차해 도보로 2분 거리

캘거리 요새 역사 공원

다운타운의 동쪽에 있는 공원으로 캘거리의 발상지다. 1875년 북서 기마경찰이 캘거리 요새를 쌓은 역사적인 장소지만 지금은 넓은 유적터와 요새 일부만 남아있다. 관광하기에는 전통복장을 입은 가이드를 따라 구경하는 것이 가장 좋은데 옛 개척시대의 흔적, 원주민의 생활상과 거주지 등을 체험해볼 수 있다.

http://www.fortcalgary.com/
찾아가는 방법 C-트레인 3rd st. SE 역에서 내려 도보로 8분 거리

캘거리 동물원

캐나다에서 두 번째로 큰 동물원으로 약 1,400마리의 동물과 11,000가지의 식물이 있으며 선사시대 공원 등 테마파크로 구성되어 있다. 동물들이 울타리 없이 야생에서처럼 돌아다니는 것이 특징이다. 공룡의 서식지였던 배드랜드의 지형을 본 떠 만든 선사시대 공원에는 약 20개의 실물크기 공룡 모형이 곳곳에 숨어 있어 마치

선사시대로 돌아온 것 같은 색다른 재미를 더해준다.
http://www.calgaryzoo.com/
찾아가는 방법 C-트레인 Zoo 역에서 하차

캘거리 스탬피드 공원
이곳에서 캐나다 서부를 대표하는 카우보이 축제인 스탬피드 축제가 매년 7월 초 10일간 개최된다. 축제기간에는 멀리 뉴멕시코와 텍사스에서 온 카우보이들과 관광객들이 거리를 가득 메우고, 로데오와 척웨건 레이스(4마리 말이 끄는 마차 레이스) 퍼레이드가 펼쳐진다.

http://calgarystampede.com/
찾아가는 방법 C-트레인 Victoria Park 역이나 Erlton역에서 하차

🍁 토론토 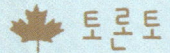 **나이아가라 폭포**
세계 3대 폭포 중 하나인 나이아가라 폭포는 미국과 캐나다 국경을 사이에 두고 2개의 폭포로 나누어져 있는데 말발굽 모양의 캐나다 쪽 폭포가 더 웅장하고 아름답다고 한다. 다양한 관광코스 중 안개의 처녀(Maid of the Mist)란 이름의 유람선을 타고 폭포수가 떨어지는 안쪽까지 직접 들어가는 것이

가장 인기 있다. 또 나이아가라 폭포 맞은편에 있는 Clifton Hill은 음식점과 놀이기구 등을 고루 갖춘 유흥단지로 유명하다. 토론토에서 자동차로 약 2시간 거리에 있으며 다양한 이벤트가 열려 일년내내 많은 관광객으로 북적인다.

http://www.niagaraparks.com/

찾아가는 방법

1. Dundas st. & Bay st.의 Coach Terminal에서 Niagara Falls 행 Coach Canada 탑승 후 약 2시간 소요 (왕복 약 C$35)
2. 토론토 차이나타운에서 출발하는 나이아가라 카지노 버스를 이용해 저렴하게 이동 (C$30을 내고 C$25의 카지노 쿠폰을 받는다. 그리고 카지노에서 Player's Card를 만든 후 쿠폰을 바로 현금으로 바꿀 수 있다. 카지노에서 게임을 하지 않아도 상관없음)

CN 타워

높이 533.33m의 하늘을 찌를듯한 독특한 모양으로 토론토 시내의 랜드마크 역할을 하고 있다. 447m 높이의 세계에서 제일 높은 전망대, 스카이 포드와 실내외 전망대가 있어 토론토 전역이 한눈에 들어온다. 바닥이 유리로 된 Glass Floor에 서서 아래를 내려다보면서 이색적인 아찔한 쾌감을 느껴보자.

http://www.cntower.ca/

찾아가는 방법 지하철 Union 역에서 하차 후 도보 5분 거리

로얄 온타리오 왕립 박물관

ROM이라 불리는 캐나다 최고의 박물관이다. 3층 건물에 총 600만 점의 물건이 전시되어 있어서 하루에 다 돌아보기 벅찰 정도다. 특히 중국 황실과 관련된 소장품들은 세계수준으로 명왕조 무덤과 불교 벽화와 불상, 공룡 뼈 화석이 아주 인기 있다. 〈쥬라기 공원〉의 촬영기법대로 공룡모형을 전시하는 등 독특한 전시방법 역시 주목받고 있다.
http://www.rom.on.ca/
찾아가는 방법 지하철 Bay 역에 하차 후 도보 5분 거리

✓ 온타리오 미술관

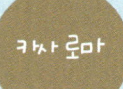

유명 조각가 헨리 무어의 작품을 800점 이상 소장한 유명 미술관이다. 피카소와 고흐, 모네 등 여러 인상파 미술작품과 캐나다 미술을 대표하는 Group of Seven의 작품을 다수 소장하고 있으며 캐나다 3대 미술관 중 하나로 꼽힌다. 수요일 6시 이후는 무료입장으로 1층 안내대에 한국어 안내책자도 준비되어 있다.
http://www.ago.net/
찾아가는 방법 지하철 St. Patrick 역에서 내려 도보로 3분 거리

카사 로마

카사 로마는 토론토 도심에 있는 '언덕 위의 집'이란 뜻의 중세풍 성이다. 1914년부터 3년에 걸쳐 막대한 자금으로 지어진 이 신고딕 양식의 성 내

부는 세계각지에서 수입한 최고급 자재로 만들었고 엘리베이터까지 설치되어 있다. 총 98개의 방은 화려함의 극치를 이루며 무려 12m에 달하는 창문과 오르간, 피아노, 벽난로가 놓인 Great Hall은 가장 아름다운 방으로 꼽힌다.

http://www.casaloma.org/
찾아가는 방법 지하철 Dupont 역에서 하차 후 Spadina Bridge를 따라 북쪽으로 이동한다. Davenport Road가 교차하는 지점에서 언덕길로 올라간다.

킹스턴 사우전드 아일랜드

토론토에서 약 3시간 거리의 도시 킹스턴에서 가장 큰 볼거리로 꼽히는 이곳에는 캐나다와 미국의 국경에 걸쳐 약 1,150여 개의 섬이 모여 있다. 1,150여 개의 섬 중 665개의 섬이 캐나다에 속하며 나머지는 미국령에 속한다. 크루즈를 타고 약 3시간에 걸쳐 천여 개의 섬 주변을 모두 관광할 수 있다.

http://www.1000islandscruises.on.ca/
찾아가는 방법
1) Dundas st. & Bay St.의 Coach Canada Terminal에서 Kingston행 버스로 Kingston까지 이동 후 택시로 Kingston Thousand Island까지 이동 (소요시간 약 4시간, 버스 약 C$35, 택시 약 C$20)
2) Union 역에서 기차를 이용해 Kingston까지 이동 후 택시로 Kingston Thousand Island까지 이동 (소요시간 약 2시간 30분, 기차 약 C$160, 택시 약 C$20)

캐나다의 원더랜드

다운타운 토론토에서 북쪽으로 약 30분 정도 거리에 있는 캐나다 판 디즈니랜드다. 150여 가지의 놀이기구들과 캐나다 최고의 롤러코스트, 그리고 아름다운 인공해변의 8만㎡ 넘는 워터파크, 다양하고 훌륭한 라이브 쇼 등을 즐길 수 있다.

http://www.canadaswonderland.com/

찾아가는 방법 지하철 Yorkdale 역과 York Mills 역에서 정기적으로 원더랜드 셔틀버스가 운영된다. (왕복 요금 C$8.50)

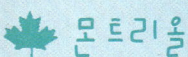
몬트리올

노트르담 성당

다름(d' Armes) 광장 남쪽에 자리한 신 고딕풍의 성당이다. 구시가지를 대표하는 오랜 역사의 건축물로 하늘 높이 솟은 2개의 종루는 절제와 인내를 상징한다. 푸른색 제단이 화려함을 더하고 에메랄드빛 천장을 통해 들어오는 빛과 수만 개의 촛불이 엄숙함을 자아낸다. 아름다운 스테인드글라스에는 몬트리올의 역사와 성인들에 관한 기록들이 새겨져 있다.

http://www.basiliquenddm.org/
찾아가는 방법 지하철 Place d' Armes 역에서 도보로 5분

올드 포트

구 몬트리올의 세인트 로렌스 강을 따라 이어지는 구 항구지역이다. 12.5km 길이에 총 4개 부두가 있으며, 그 중 알렉산드라 부두는 내륙항으로서는 세계 최대 규모로 초호화 크루즈가 도착하는 곳이기도 하다. 공원단지로 새롭게 조성되어 놀이시설과 아이맥스 영화관, 산책로 등이 갖춰져 있다. 몬트리올의 역사적 가치를 지닌 이곳은 현재 넓은 산책로를 따라 자전거 타기에 좋은 장소로도 사랑받고 있다.

http://www.oldportofmontreal.com/
찾아가는 방법 지하철 Champ de Mars 역에서 하차 후 도보로 10분

몬트리올 미술관

1860년 개관한 몬트리올을 대표하는 미술관이다. 신관과 구관이 마주 보고 있으며 서로 지하통로로 연결되어 있다. 신관에는 렘브란트, 엘 그레코, 모네 등의 작품과 특히 르네상스 시대의 작품들이 많고, 구관에는 캐나다 예술작품과 현대 예술작품이 주로 전시되어 있다.

http://www.mbam.qc.ca/

찾아가는 방법 지하철 Guy-Concordia 역에서 도보로 10분

자크 카르티에광장

항상 많은 사람으로 몬트리올 특유의 활기찬 분위기를 느낄 수 있는 광장이다. 몬트리올을 처음 발견한 프랑스 탐험가 '자크 카르티에'의 이름을 딴 광장으로 시청에서 항구까지 길게 뻗어있는 길을 따라 있다. 광장 북쪽에는 '노트르담 드 봉스쿠르'라는 몬트리올에서 가장 오래된 교회가 있고, 밤이면 펍과 카페에서 화려한 야경을 즐길 수 있다. 새벽 3~5시까지 영업하는 카페가 많아 심야의 데이트를 즐기기에도 좋다.

http://www.vieux.montreal.qc.ca/

찾아가는 방법 지하철 Champ de Mars 역에서 내려서 도보로 3분

봉스쿠르마켓

몬트리올 역사의 상징과도 같은 곳으로 1847년 세워졌다. 캐나다 국회, 시청, 음악회장, 전시회장 등으로 다양하게 사용되다가 오랫동안 재래시장으로 이용되었다. 현재는 캐나다 수공예품이나 고가의 그림, 기념품을 판매하는 곳으로 용도에 따라 내부는 변경되었지만 옛날 항구로 들어올 때 배의 좌표로 이용되던 은색 돔은 그대로 보존되어 있다.

http://www.marchebonsecours.qc.ca/

002 장거리 여행 방법

캐나다의 대륙횡단 열차 VIA Rail

캐나다는 국영 철도회사 Via Rail Canada 에서 철도사업을 운영한다. 현재 서부와 동부를 잇는 대륙횡단, 로키산맥 관광, 동부해안지역 관광 등을 운영하고 있다. 구간별 도시별 운임제와 일정기간에 무제한 이용하는 노선별 승차권이 있으며, 비수기와 성수기는 금액차이가 있다. 노선별 운행일정과 운임에 관한 자세한 내용은 VIA Rail 한국어지원 홈페이지에서 확인할 수 있다.
http://www.viarailcanada.co.kr/

캐나디언 노선(The Canadian)

밴쿠버와 토론토를 연결하는 캐나다 대륙횡단 열차노선이다. 서부 끝에서 동부 끝까지 사흘 동안 운행하는 이 노선은 재스퍼, 에드먼턴, 새스커툰, 위니펙 등 캐나다 전역의 대표적인 도시에 정차한다. 태평양 연안지역의 여성적인 아름다움에서부터 로키산맥의 수려한 절경, 캐나다 중부의 끝없이 펼쳐지는 평원지대, 에메랄

드빛으로 반짝이는 빙하호 등을 둘러보며 캐나다 전역의 아름다움을 즐길 수 있다. 밴쿠버에서는 매주 화/금/일요일에 출발하고 토론토에서는 매주 화/목/토요일에 출발한다.

스키나 노선(The Skeena)

BC 주의 북부도시 프린스 루퍼트(Prince Rupert)와 로키산맥의 재스퍼(Jasper)를 연결하는 노선이다. BC 주 북쪽 고지대를 넘어 로키산맥의 최고봉인 Robson Mt.을 비롯한 높은 산봉우리를 거쳐 스키나 강 주변까지 이틀간의 여정으로 1,160km를 운행한다. 아름다운 로키산맥의 폭포, 강, 호수에서 연어, 물개, 곰, 사슴 등 길들지 않은 야생동물과 우연한 만남을 가질 수도 있고 서부개척시대의 정착지 등을 여행할 수 있다. 매주 3~4회 2일의 일정으로 운행한다. 프린스 루퍼트에서는 페리로 연결되어 서부 해안의 연안도시를 여행할 수 있고, 재스퍼에서는 캐내디언 노선으로 연계할 수 있다.

코리더 노선(Quebec-Windsor Corridor)

퀘벡과 온타리오 주의 윈저(Windsor)를 남북으로 종단하며 캐나다 동부의 몬트리올, 오타와, 토론토, 나이아가라 폭포 등의 도시에 정차한다. 나이아가라 폭포와 온타리오 와인마을의 환상적인 절경과 토론토와 몬트리올의 다양한 도시문화를 경험할 수 있다. 코리더 노선은 하루에도 몇 번씩 각 도시를 출발하며 승객들은 도시와 도시를 잇는 편리한 노선을 이용할 수 있다.

샬레르 노선(The Chaleur)

퀘벡 주의 대표 도시 몬트리올과 아름다운 가스페(Gaspe) 반도를 이어주는 퀘벡 주 여행에 적합한 노선이다. 세인트로렌스 강(St. Lawrence River)과 마타페디아(Matapedia) 계곡을 따라 운행하는 샬레르 호는 환상적인 강과 바다의 가스페 반도로 안내해준다. 여행 중 산과 절벽이 이루는 극적인 풍경, 빽빽한 숲, 바닷냄새, 뉴 프랑스 시대의 습성을 간직한 농촌과 어촌 등을 만나볼 수 있다.

오션 노선(The Ocean)

몬트리올과 핼리팩스를 오가며 동부 퀘벡, 브런즈윅, 노바스코샤 주의 매력을 느낄 수 있는 노선이다. 퀘벡의 옛 마을, 뉴브런즈웍의 북부해안에서 근해공원과 옛 아카디아 마을을 방문할 수 있다. 프린스 에드워드 섬으로의 여행의 핵심 멍크턴(Moncton), 쉐디악(Shediac)의 따뜻한 해변과 세계적으로 유명한 바닷가재 등을 맛볼 수 있다.

시외 & 관광버스

광활한 캐나다를 저렴하게 구석구석 여행하려면 버스 이용이 아주 효과적이다. 캐나다의 대표적인 버스회사로는 Greyhound, Coach Canada, Gray Line 이렇게 3곳이 있다. Greyhound는 캐나다 전 지역에서 도시 간 서비스를 제공하고 있으며, Coach Canada는 온타리오 주 남동부지역과 퀘벡 주의 남부지역에서 도시 간 운행한다. Grey Line은 캐나다 각 도시 관광객을 위한 관광버스로 도시별 유명 관광지를 시간표대로 운행한다. 캐나다의 버스는 주로 장거리를 여행하는 승객들이 주요 손님이므로 버스 내 화장실, 간단한 간식, 넓고 편안한 의자 등 승객들의 안락한 여행을 위해 많이 배려한다.

Greyhound

북미지역을 대표하는 장거리버스 회사로 캐나다의 도시 간 이동뿐만 아니라 캐나다 미국 간 이동 시에도 저렴하고 효과적으로 이용할 수 있다. 한국의 고속버스와 마찬가지로 먼저 도착한 손님에게 좌석이 제공되므로 여유를 두고 터미널에 도착해서 표를 사는 것이 좋다. 지정좌석 없이 먼저 도착한 순서대로 좌석을 고른다. 버스에는 화물칸 짐가방(60cm×60cm×114cm 이하) 2개와 가지고 타는 가방(22cm×40cm×50cm 이하) 1개를 실을 수 있다.

http://www.greyhound.ca/

Coach Canada

캐나다의 온타리오 주와 퀘벡 주에서 장거리 여행을 하거나 미국으로 육로여행을 계획할 때 이용할 수 있다. 성인 기준으로 3개의 짐가방 (총 중량 67kg 미만)이 허용되며 2개는 화물칸에 1개는 승객 탑승칸에 실을 수 있다. 추가되는 가방은 Express 소포 기준으로 별도의 비용을 내면 된다.
http://www.coachcanada.com/

Gray Line

Gray Line은 캐나다 주요도시의 관광코스와 호텔, 공항의 셔틀버스 등을 운영하는 버스회사다. 정원의 도시 빅토리아, 로키산맥의 캘거리와 밴프, 그리고 동부연안의 나이아가라, 토론토, 오타와, 몬트리올, 세인트잔, 핼리팩스 등 주요 관광도시를 운행한다.
http://www.grayline.com/

국내선 항공

캐나다의 대표적인 국내선 항공회사는 Air Canada와 West Jet이다. Air Canada는 세계적인 항공사로 국제선과 국내선을 모두 운항하며 안정적인 서비스를 제공하는 반면 항공료는 좀 비싼 편이다. West Jet은 국내선과 함께 캐나다와 미국의 주요 도시를 연결하며 비교적 저렴한 가격으로 서비스를 제공한다. 요금은 시즌별, 요일별, 시간별로 다른데 여행이 많은 여름과 겨울 성수기는 비수기 가격의 두 배에 달할 정도로 큰 차이를 보인다. 주말이 평일에 비해 비싼 편이며 하루 중 많은 사람이 선호하는 시간대가 한가한 시간대보다 좀 더 비싸다. 밴쿠버와 토론토를 오가는 항공편은 약 4시간 30분 정도의 장시간이 소요되어 기내방송용 이어폰(C$5)과 간식(C$5~10) 등의 유료서비스를 이용할 수 있다.

Air Canada
http://www.aircanada.com
West Jet
http://www.westjet.com

003 추천 맛집

밴쿠버

Little Frank's Restaurant
젊은이들에게 인기 있는 이탈리아 요리 전문점. 다양한 파스타에서부터 신선한 해산물요리까지.
1487 Robson Street, Vancouver
Tel. (604) 687-7210

Salmon House on the Hill
웨스트 밴쿠버의 전망 좋은 곳에 위치한 고급 연어 전문 레스토랑. 밴쿠버 유명 관광코스 중 한 곳으로 가격은 좀 비싸지만 신선한 연어바비큐가 유명하다.
2229 Folkstone Way, West Vancouver Tel. (604) 926-3212

Kilimanjaro
아프리카와 인도 요리 전문점. 게스타운의 증기시계가 보이는 곳에서 나이로비 스타일의 독특한 맛을 즐길 수 있다. 송어요리인 Tukutuku는 맵고 새콤한 맛이 일품이다.
335 Water Street, Vancouver
Tel. (604) 681-9913

빅토리아

Blue Fox Restaurant
오믈렛이 유명한 프랑스 레스토랑으로 점심때만 열며 항상 손님들로 붐빈다. 자리가 날 때까지 길게 줄 설 정도로 브런치가 유명한 곳.
919 Fort Street, Victoria
Tel. (250) 380-1683

Dutch Bakery & Coffee Shop
네덜란드 가족이 오랫동안 운영한 레스토랑. 아침으로 커피와 간단한 빵 종류를 먹을 수 있고, 점심으로는 Sandwich, Soup or Salad, Coffee or Tea and a Dessert Pastry 등을 $8.50 정도에 먹을 수 있다.
718 Fort Street, Victoria
Tel. (250) 385-1012

Pagliacci's
다운타운에 위치한 20년 전통을 자랑하는 유명한 파스타 전문점. 라이브 음악을 들으며 파스타, 샌드위치, 샐러드 등을 먹을 수 있다.
1011 Broad Street, Victoria
Tel. (250) 386-1662

Irish Pub
다운타운 Bation Square 근처에 2개의 층으로 이루어진 인기 펍. 저녁에는 라이브 음악을 들으며 식사할 수 있고 직접 만들어서 파는 기네스 맥주가 일품이다.
1200 Government Street, Victoria
Tel. (250) 383-7775

캘거리

The Alberta Food Fair
이탈리아, 중국, 멕시코, 인도 등 각국의 여러 음식을 갖춘 푸드코트. 창가를 따라서 작은 테이블이 즐비하게 늘어서 있고, 17개나 되는 다양한 종류의 음식 칸에서 원하는 메뉴를 선택할 수 있다. 카레나 타코 종류의 접시 요리가 약 C$5 정도.
304 8th Ave. SW & 2nd Street, Calgary
Tel. (403) 294-3839

The King & I
캘거리 최초의 타이요리 전문점. 매운 요리가 많지만 손님의 요구에 따라 매운 정도를 조절할 수 있다. 칠리소스에 가지와 땅콩을 곁들인 치킨 필레가 인기.
820 11th Ave. SW, Calgary
Tel. (403) 264-7241

Mother Tucker's
개척시대의 거친 분위기의 실내장식으로 개성 있는 음식점. 60여 가지 셀러드바와 앨버타 소를 재료로 한 스테이크와 해산물 요리가 인기. 수프, 샐러드를 포함한 풀코스 프라임 립이 약 C$17 정도.
345 10th Ave. SW, Calgary
Tel. (403) 262-5541

Avenue Cafe
앨버타 출신의 예술가들이 직접 벽에 장식한 실내장식이 인상적인 곳이다. 퓨전 스타일로 다양한 국가의 요리를 제공하며, 인도식의 매운 음식, Tapas 스타일의 음식, 양고기로 만든 버거 등이 인기.
811 17th Ave. SW, Calgary
Tel. (403) 244-7924

Sultan's Tent
Sultan's Tent는 북아프리카의 오아시스 이름으로 중동요리 전문점이다. 현대적 건물에 중동 스타일의 실내장식이 아주 이색적이다. 술탄의 연회(Sultan's Feast - 약 C$24)라는 메뉴를 추천한다.
909 17th Ave. SW, Calgary
Tel. (403) 244-2333

토론토

Cora's Breakfast and Lunch Toronto
가정식 아침과 점심을 제공하는 곳으로 오전 6시부터 오후 3시까지 영업한다. 토론토의 아침을 맛보고 싶다면 꼭 가봐야 할 곳.
277 Wellington Street, West Toronto
Tel. (416) 598-2672

Matignon Restaurant
친절하고 아담한 프랑스 레스토랑. '이곳의 요리는 듣기 좋은 음악과 같다.' 라며 평론가들이 칭찬을 아끼지 않는 곳이다.
51 Street Nicholas Street, Toronto
Tel. (416) 921-9226

Sunrise Grill & Crepes
오전 7시부터 오후 4시까지 아침메뉴만을 제공하는 곳으로 시리얼부터 크레페, 와플, 팬케이크 등 가볍게 먹을 수 있는 다양한 음식을 즐길 수 있다.
417 Roncesvalles Ave. Toronto
Tel. (416) 516-5766

Panorama Lounge
Toronto Life에서 선정한 최고의 파티오. 51층에 있는 이곳은 완성도 있는 요리와 분위기 대비 저렴한 가격으로 부담 없이 즐길 수 있다.
55 Bloor Street, West Toronto
Tel. (416) 967-0000

몬트리올

La Rotisserie St. Hubert
1951년에 처음 생긴 레스토랑으로 현재 100여 곳의 체인점을 운영한다. 치즈스틱과 닭 가슴살 바비큐가 인기.
6355 Street, Hubert, Montreal
Tel. (514) 274-4477

The Keg (Steakhouse)
양질의 스테이크와 고급 와인을 제공하는 스테이크 전문점. 아름답고 현대적인 분위기에 다양한 메뉴의 스테이크가 있다.
25 Rue Street Paul E. Old Montreal

Al Taib
몬트리올에서 피자로 가장 유명한 식당으로 씨푸드 피자가 특히 인기 있고 배달도 한다.
2125 Guy, Montreal

Eduardo's
작고 안락한 정통 이탈리아 레스토랑으로 싸고 맛있는 집으로 유명하다. 파스타 종류가 인기 있고 자신의 와인을 가져와서 마실 수 있다.
404 Duluth E., Montreal

Romados
테이블이 3개만 있는 포장 전문 포르투갈 음식점. 포르투갈 치킨요리가 유명하며 항상 포장을 기다리는 사람으로 붐빈다.
115 Rachel E., Montreal

004 캐나다에서 쇼핑하기

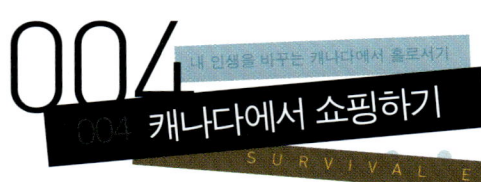

밴쿠버

Robson Street

세련된 밴쿠버 도시문화를 상징하는 대표적인 거리로 유명 패션, 스포츠 브랜드 매장이 많이 모여 있다. 계절별로 할인을 많이 해서 관광객과 주민들이 즐겨 찾는다.

Metrotown

버나비에 위치한 BC 주 최대의 쇼핑센터로서 대형마트에서 패션 브랜드, 스포츠용품 등 많은 상점과 극장, 식당이 모여 있다. 쇼핑과 여가를 즐기려는 사람들로 항상 붐비는 곳이다.

Granville Island

다양한 채소, 과일, 해산물 상점이 몰려 있는 재래시장이면서 밴쿠버의 유명한 관광명소이기도 하다. 신선하고 저렴한 가격의 농산물과 해산물 등을 살 수 있으며 이외에도 이곳을 찾는 관광객들을 위해 다양한 공연과 행사가 열린다.

 밴쿠버의 대표적인 대형 한국 식품점이다. 다운타운, 버나비, 서리 지역에 있으며 한국 식품, 채소, 화장품, 주방기기 등 생활에 필요한 모든 한국 상품을 취급한다.

토론토

 토론토 유행의 발산지가 되는 고급 쇼핑지역으로 명품 브랜드와 고급 부티크가 집중되어 있다. 옛 주택을 개조한 가게가 늘어선 요크빌 거리 주위에는 시골마을을 연상시키는 골목길이 많아서 낭만과 여유를 느끼게 한다. 지하철 Bay 역이나 Museum 역에서 하차

 토론토에서 가장 번화한 거리로 일상적이지 않은 독특한 스타일과 자유롭고 개성적인 패션을 만날 수 있다. 캐주얼 액세서리 등 예쁘고 특이한 상점이 많다. 지하철 Osgoode 역에서 하차

 다운타운의 금융가 남쪽 모퉁이에는 아웃도어 가게가 쭉 늘어서 있다. 특히 온타리오 호반의 퀸스키 터미널에는 개성적인 가게들이 많아서 산책하며 둘러보기에 좋다. 지하철 Union 역에서 Spadina 역까지

캘거리

Downtown Calgary 다운타운의 차없는 거리

역사적 건물과 각종 상점, 음식점 그리고 잡화 판매대가 나란히 모여 있다. 그리고 TD 스퀘어, SERSE, 뱅크스호루, 스코시아센타, 페니레인 몰 은 5개의 건물이 서로 연결된 현대적 쇼핑몰로 고급 명품관, 백화점, 체인점 등의 200여 개 이상 의 매장이 자리 잡고 있다.

17번가 17th Avenue

다운타운의 남쪽에 있는 17번가는 고풍스러운 아름 다움을 자랑하는 지역으로 캘거리의 대표적인 최신 쇼핑몰 Mount Royal Village가 있다.

캔싱턴 거리 Kensington

다운타운의 북쪽에 자리 잡은, 개성과 생기가 넘 치는 쇼핑과 레스토랑의 거리다. 현대 건물과 고 전 건물이 조화를 이루는 아름다운 쇼핑거리를 걸 으며 즐겁게 쇼핑할 수 있다.

오클래오 마켓 Eau Claire Market

다운타운을 따라 흐르는 보우 강(Bow River)과 프린스 아일랜드 공원에 인접한 쇼핑몰로 쇼핑 과 함께 영화관(IMAX)과 오락실, 다양한 식당 을 이용할 수 있다.

인기 브랜드

TNA(The New Aritzia)
캐주얼웨어로 마른 체형의 여성 옷이 많아 젊은 여성들에게 인기

Lulu Lemon
요가 제품 등의 스포츠웨어

Club Monaco
심플하고 세련된 세미 정장 스타일로 한국보다 훨씬 저렴하다. 깔끔하고 모던한 스타일을 추구한다.

Gap
저렴한 가격의 캐주얼웨어로 보편적으로 가장 많이 입는 브랜드. 유아복이 비싼 한국에 비해 Baby Gap이나 Gap Kids는 아주 저렴한 편이다.

Banana Republic
깔끔하고 세련된 정장 스타일로 품질이 좋다. 비싼 편에 속하지만 역시 한국보다는 훨씬 싸다.

Old Navy
청소년보다 성인을 대상으로 하는 저렴한 캐주얼 브랜드

American Eagle
미국의 캐주얼웨어 중 가장 저렴한 축에 속하는 브랜드로 캐나다에서는 BC 주에서만 판매한다.

Roots
Gap과 비슷한 성격의 캐나다 캐주얼 브랜드

복싱 데이(Boxing Day) 12月 26日

복싱 데이는 매년 크리스마스 다음날(12월 26일)로 대부분 매장에서 일 년 중 가장 큰 폭의 할인(40~70%)을 하며 보통 연말까지 할인기간이 지속한다. 원래는 크리스마스 다음날 주위의 가난한 사람들을 위해 저렴한 가격에 물건을 사서 박스(Box)에 모아 선물한다는 의미에서 생겨난 날이다. 하지만 요즘은 그냥 사고 싶었던 물건을 저렴하게 살 수 있는 기회로 매장에서는 할인행사를 통해 재고를 정리하는 효과를 기대한다. 유명하거나 크게 할인하는 곳은 매장 오픈 전부터 많은 사람이 줄을 서서 기다릴 정도다.

인기 쇼핑 품목

메이플 시럽
캐나다 특산품인 단풍나무 시럽으로 귀국선물로 인기 있다. 비타민, 칼슘, 마그네슘, 칼륨 등이 함유되었으며 설탕 대용으로 어느 곳에나 사용할 수 있다.

아이스 와인
세계적으로 유명한 캐나다 특산품으로 향이 좋아 디저트 와인으로 많이 마신다. 영하 7도 이하 온도에서 극도로 농축된 포도를 이용해 만든다.

캐나디안 위스키
Canadian Club으로 대표되는 캐나디안 위스키는 강한 향과 대비되는 가볍고 부드러운 맛으로 세계적으로 유명하다. 소다수, 진저엘, 세븐업, 콜라 등과 잘 어울린다.

엘크 녹용
100% 야생 방목의 엘크에서 생산된 녹용으로 조혈작용과 심장, 위를 보호하고 한국에 비해 싼 편이다.

자연산 꿀
판매되는 꿀이 대부분 자연산이라 믿을 수 있으며 한국보다 저렴하다. 술 해독력이 뛰어나고 건강보조제로 효과가 좋다.

인디언들의 수공예품과 장신구
캐나다의 토착 원주민들이 만드는 다양한 수공예 조각품과 장신구들은 노점이나 기념품점에서 쉽게 구할 수 있다.

푸틴(Poutine)
푸틴은 혼합물이라는 뜻의 퀘벡 속어로 1957년, 한 손님이 워윅의 카페 '이데알'에서 주인인 페르난드 라상스 씨에게 가져온 감자튀김과 치즈를 섞어달라고 요구한 것이 계기가 되었다. 보통 감자튀김과 그레비(Gravy), 치즈로 만들어지지만 취향에 따라 스파게티 소스나 치킨, 콜슬로, 핫도그 등을 사용하기도 한다.

005 지역별 스키장

Canada

British Columbia

휘슬러 블랙콤 Whistler Blackcomb Ski Resort

휘슬러 스키장은 세계적으로 유명한 북미 5대 스키장 중 한 곳으로 밴쿠버에서 버스로 약 2시간 거리에 있다. '하늘과 산을 잇는 스키장' '신이 내린 선물' 등의 갖가지 찬사가 가득한 휘슬러 스키장은 2010년 밴쿠버 동계 올림픽의 주요 경기가 열리는 곳이기도 하다. 1989년 휘슬러 산마루에 건설된 Chateau Whistler를 시작으로 Whistler Village가 형성되었으며, 아기자기한 건축물들은 마치 동화 속의 한 장면을 연상시키기도 한다. 겨울뿐만 아니라 연중 관광객이 많이 찾는 휘슬러에는 약 만여 명의 주민이 거주하고 있다. 스키장을 이루는 Whistler Mountain과 Blackcomb Mountain의 아름다운 절경은 보는 이로 하여금 감탄사를 자아내게 한다. 총 33㎢나 되는 광대한 면적의 스키장에는 초/중/상급 레벨별로 약 200여 개가 넘는 정규코스가 있다.

http://www.whistlerblackcomb.com/

Blackcomb Mountain

높이 1,609m나 되는 북미에서 가장 높은 스키장으로 연평균 약 11m의 풍부한 강설량을 자랑한다. 약 14km²의 광대한 면적에 펼쳐진 Blackcomb Mountain에는 100개가 넘는 정규코스와 5개의 봉우리, 2개의 빙하를 포함해서 그 수를 헤아릴 수 없는 비정규코스가 있다. 타 스키장보다 급경사와 커브가 심한 곳이 많은 고난이도의 중상급코스는 전 세계 스키/스노보드 마니아들에게 큰 인기를 얻고 있다. 초급코스에는 Crystal Ridge와 Jersey Cream, Mom's Run 등이 있고, 중급코스는 Seventh Heaven, 상급코스는 Diamond Bowl, Ruby Bowl 등이 있다.

Whistler Mountain

1,530m 고도의 Whistler Mountain은 약 100여 개의 정규코스 중 20%의 초급코스, 55% 정도의 중급코스, 약 25%의 상급코스로 이루어져 있다. Blackcomb Mountain보다 2개 많은 7개의 볼(Bowl)이 있어 다양한 코스를 즐길 수 있다. 보통 중상급자들은 Whistler Mountain보다 Blackcomb Mountain을 선호하는 편이지만 바람 부는 날이나 오전에는 Whistler Mountain을 추천한다. 초보자에게는 Olympic Chair, Green Chair 등의 코스가 적당하고 알파인 스키에는 Franz's Run 코스가 좋다. 상급자들은 Whistler Bowl, Harmony Bowl 등을 많이 찾고, Symphony Bowl은 아름다운 코스로 유명하다.

찾아가는 방법

1) 그레이하운드(Greyhound)
휘슬러까지 이동하는 가장 저렴한 방법으로 밴쿠버에서 편도 약 C$42 정도 한다. 가까운 그레이하운드 버스정류장에서 승차할 수 있으며 스키시즌에는 공항에서 휘슬러까지 버스를 운행하기도 한다.

2) 페리미터(Perimeter) 버스
공항에서 휘슬러까지 바로 가는 페리미터 버스를 이용할 수 있다. 비용은 편도 C$70 정도로 성수기와 비수기에 따라 운행시간과 횟수가 달라진다. 공항의 페리미터 버스터미널에서 도착지가 Whistler village gateway loop라고 표시된 차표를 사서 승차할 수 있다.

http://www.perimeterbus.com/ExpressDepartures.html

3) 자동차 운전

밴쿠버 다운타운에서 Lions Gate Bridge를 지나 West Vancouver 방향으로 진행한다. Taylor Way에서 우회전 후 1번 고속도로 서쪽 방향으로 진입한다. 약 1시간 30분 소요

그라우스 마운틴 Grouse Mountain

밴쿠버 다운타운에서 약 30분 거리에 있는 도심 속의 스키장이라 밴쿠버에 사는 사람들이 쉽게 이용하는 곳이다. 1949년 12월 세계 최초로 나무로 만든 더블체어 리프트가 생기면서 산 정상에 쉽게 오르게 되었고, 1966년 12월 Grouse Mountain Resorts Ltd.가 정식으로 탄생함으로써 더욱 다양한 행사와 겨울 스포츠를 즐길 수 있는 장소가 되었다. 초급자를 위한 Rookie Terrain Park, 중상급자를 위한 Quicksilver Terrain Park 코스 등이 있다.

http://www.grousemountain.com/Winter/

찾아가는 방법

1) 대중교통 이용하기

다운타운 밴쿠버에서 씨버스를 타고 노스밴쿠버에 내려서 236번 버스를 이용

2) 자동차 이용하기

1번 고속도로 서쪽 방향으로 진행하다가 Ironworkers' Memorial Second Narrows Bridge를 지나 14번 출구(Capilano Rd.)로 진출하여 우측으로 약 5Km 정도

실버 스타 마운틴 리조트 Silver Star Mountain Resort

겨울에는 스키와 스노보드 리조트로, 여름에는 하이킹과 바이킹코스로 사랑받는 리조트다. BC 주의 Vernon에서 12마일 정도 떨어진 오카나간 벨리에 자리 잡고 있다.
http://www.silverstarmountain.com/

찾아가는 방법

1) 대중교통 이용하기
Vernon, Kelowna 국제공항에서 리조트까지 운행되는 셔틀버스 이용.
http://www.allcanadianescapes.com/

2) 자동차 이용하기
97번 고속도로 Vernon 방향으로 진행하다가 48th Avenue에서 Silver Star Road를 따라 22km 정도. (Silver Star Road가 리조트와 바로 연결되어 있음)

레드 마운틴 리조트 Red Mountain Resort

각종 여행잡지에서 훌륭한 눈과 울창한 숲으로 Canada's No.1 Outdoor Town으로 꼽힌 곳이다. 환상적인 스키뿐만 아니라 여름에는 아름다운 대자연에서 산악자전거, 골프, 낚시 등 다양한 레포츠를 즐길 수 있다.
http://www.redresort.com/

찾아가는 방법

1) 대중교통 이용하기
예약을 통해 공항에서 출발하는 셔틀버스를 이용할 수 있다. Spokane, Kelowna, Castlegar Municipal, Trail 공항 등에서 출발
http://www.redreservations.com/

2) 자동차 이용하기

킬로나 국제공항에서 좌회전해서 97번 고속도로 표지판을 따라가다 97번 고속도로에서 좌회전. 33번 고속도로를 만나 130km 정도 지나 Crowsnest 고속도로 쪽으로 좌회전. 이 길을 따라 약 3km 이동해서 우회전하면 3B 고속도로를 만나고, 24km 정도 더 가면 우측에 스키장이 위치

파노라마 마운틴 빌리지 Panorama Mountain Village

캘거리에서 차로 약 2시간 정도 걸리는 파노라마 스키장은 고도가 1,200m 이상으로 1월은 너무 추워서 스키를 탈 수 없을 정도다. 120개에 달하는 슬로프와 9개의 리프트로 기다리는 시간 없이 스키를 즐길 수 있다.

http://www.panoramaresort.com/

찾아가는 방법

1) 대중교통 이용하기
겨울시즌 동안 캘거리 국제공항에서 셔틀버스 운행
(문의: 1-800-663-2929)

2) 자동차 이용하기
캘거리에서 1번 고속도로를 이용해 서쪽으로 30km 정도 이동해서 Trans Canada at Catle Junction으로 빠짐. 93번 고속도로를 이용해 Radium Hot Spring과 만나면 남쪽으로 이동해 93/95번 고속도로로 진입. Invermere를 만나 Tim Hortons에서 우회전하면 Lake Windermere를 만나게 되고 이곳을 지나 오른쪽으로 Panorama Drive를 따라 18km 정도 이동

빅 화이트 스키 리조트 Big White Ski Resort

BC 주의 중심인 오카나간 밸리(Okanagan Vally)에 있는 스키장으로, BC 주에서 두 번째로 큰 규모. 로키산맥의 끝자락에 있는 빅 화이트는 모든 수준의 스키어들을 만족시키는 112개의 슬로프와 풍부한 눈으로 유명하다. 특히 빅 화이트의 어드벤처 센터는 메가 스노코스터

튜브라이드, 스노우 모빌링, 개썰매, 크로스컨트리, 스노 슈잉, 아이스 스케이팅, 헬리콥터 투어 등을 제공한다.
http://www.bigwhite.com/

찾아가는 방법
1) 대중교통 이용하기
킬로나 공항에서 출발하는 셔틀버스 이용
(문의와 예약: 1-800-663-2772)
2) 자동차 이용하기
킬로나에서 33번 고속도로를 이용해서 32km 정도 이동. Big White Road를 만나 다시 24km 정도 이동하면 메인 빌리지에 도착

사이프레스 마운틴 Cypress Mountain

Strachan Mountain과 Black Mountain으로 이루어져 있으며, 초보자에서부터 전문가까지 즐길 수 있는 다양한 코스를 갖추고 있다. 길고 완만한 슬로프는 초보자가 이용하기에 좋고 크로스컨트리도 유명하다.

http://www.cypressmountain.com/

찾아가는 방법
1) 대중교통 이용하기
노스밴쿠버의 Lonsdale Quay에서 출발하는 셔틀버스 이용
2) 자동차 이용하기
밴쿠버 다운타운에서 라이언스 게이트를 지나 웨스트밴쿠버 방향으로 진입한다. Park Loyal에서 우회전해서 1번 고속도로 서쪽 방향으로 진입 후 8번 출구로 나간다.

마운틴 워싱턴 Mount Washington

BC 주의 유명 스키장 중 하나로 빅토리아에서 가장 가깝다. 겨울에는 스키/스노보드를 타고 여름에는 산악자전거, 등산, 캠핑 등을 즐길 수 있다. 코목스 밸리로부터 25km 서쪽에 있으며, 캠벨 리버로부터는 50km 남쪽에, 나나이모로부터는 100km 북쪽에 위치한다.
http://www.mountwashington.ca/

찾아가는 방법
1) 대중교통 이용하기
빅토리아 그레이하운드 터미널에서 마운틴 워싱턴 가는 버스 승차
(약 2시간 30분 소요)
2) 자동차 이용하기
빅토리아 시내에서 Douglas street을 따라 북쪽으로 가면 1번 국도가 나온다. 1번 국도를 따라서 나나이모를 지나 New Inland Highway를 따라서 북쪽으로 진행한다. 130번 출구로 빠져나와 산 정상으로 향하면 스키장에 도착한다. (빅토리아: 2시간 30분, 나나이모: 1시간 20분)

Alberta

선샤인 빌리지 Sunshine Village

75년이 넘도록 스키어들에게 꿈의 리조트로 자리매김한 선샤인 빌리지는 최정상의 높이가 2,730m에 이른다. 시야를 가로막는 산이 없어 태양 가까이에서 빛난다는 이유로 Sunshine Village라는 이름을 얻었다. 세계적인 휴양지 밴프 중심가에서 15분 거리에 있으며 3개의 산에 걸쳐 스키장을 이루고 있다. 앨버타에서는 유일하게 숙소에서부터 스키를 신고 슬로프로 바로 연결되는 ski-in ski-out이 가능한 리조트다.
http://www.skibanff.com/

찾아가는 방법

1) 대중교통 이용하기
캘거리 국제공항 또는 밴프에서 출발하는 셔틀버스 이용
(문의 및 예약: 1-403-241-8314)

2) 자동차 이용하기
밴프에서 서쪽으로 8km 정도 이동하면 1번 고속도로에서 쉽게 표지판을 찾을 수 있다.

레이크 루이즈 LAKE LOUISE Mountain Resort

레이크 루이즈의 슬로프에서 바라보는 캐나다 로키산맥의 경치는 북미 최고의 경관으로 꼽힌다. 4개의 산봉우리에 걸친 17㎢ 이상의 스키장은 초보자코스부터 스키 캐나다 매거진이 평가한 캐나다 최고의 급경사면 Double Black Diamond까지 다양하다.
http://www.skilouise.com/

찾아가는 방법

1) 대중교통 이용하기
캘거리 국제공항 또는 밴프 호텔에서 출발하는 셔틀버스 이용 가능
http://www.mountainconnector.com/

2) 자동차 이용하기
밴프에서 서쪽으로 60km 정도 이동하여 밴프 국립공원에 위치

마멋 베이슨 Marmot Basin

로키산맥의 재스퍼 국립공원에 있는 마멋 베이슨 스키장은 경치가 아름답기로 유명하다. 각종 야생 동식물을 만날 수 있으며 겨울엔 폭포와 강이 얼어붙고 눈에 뒤덮인 산봉우리들이 장관을 이룬다. 한 번이라도 이곳을 방문했던 사람은 이곳의 편안하고 아름다운 분위기에 꼭 다시 한 번 찾는다고 한다.
http://www.skimarmot.com/

찾아가는 방법
1) 대중교통 이용하기
Ramada, Edmonton Inn에서 출발하는 Magic Bus 이용.
(문의/예약: Masic Bus 1-800-814-4886)
2) 자동차 이용하기
재스퍼에서 93, 93A 고속도로를 이용해 남쪽으로 19km 정도 이동하고 Marmont Basin Road를 따라 25분

Ontario

블루마운틴 스키 리조트 Blue Mountain Ski Resort

토론토에서 차로 1시간 30분가량 거리의 콜링우드(Collingwood)에 블루마운틴 스키 리조트가 있다. 온타리오에서 가장 규모가 큰 곳으로 스키 외에도 수영, 스케이트, 크로스컨트리, 스파 등을 즐길 수 있다. 37개의 슬로프가 있어서 주말에도 리프트를 타려고 오래 기다리지 않아도 된다.

http://www.bluemountain.ca/

찾아가는 방법

#26 West 고속도로를 따라 콜링우드 방향으로 이동하면 Blue Mountain Road Est.과 만나게 된다. 길을 따라 직진하면 Walmart, Goodyear, Mountainside Sports를 지나 1번 입구(리조트) 또는 2번 입구로 진입

호올슈 리조트 Horseshoe Resort

Horseshoe Valley Ski Club이라고 더 알려진 이곳은 토론토에서 1시간 15분가량 떨어진 곳에 있으며 온타리오에서 스키시즌이 가장 긴 것으로도 알려졌다. 23개의 슬로프와 8개의 리프트가 있어 기다리는 시간 없이 스키를 즐길 수 있다. 35km에 달하는 크로스컨트리도 유명하다.

http://www.horseshoeresort.com/ski/

찾아가는 방법

400번 고속도로를 이용해 토론토에서 북쪽으로 이동하다가 117 East 출구로 진출해 Horseshoe Valley Road로 우회전. 5분가량 이동

마운트 세인트 루이즈 문스톤 Mount St. Louis Moonstone

토론토에서 가깝고 40개의 슬로프 중 35%가 초보자용, 50%가 중급자용으로 이루어져 있어서 초보자가 이용할 수 있는 코스가 많다. 가장 긴 슬로프의 길이가 2km이며 총 12개의 리프트가 있다.

http://www.mslm.on.ca/

찾아가는 방법

1) 대중교통 이용하기
Union 역에서 St. Louis 행 버스 이용
2) 자동차 이용하기
400 North 고속도로를 따라 Parry Sound/Sudbury까지 이동한다. 131번 출구(Mount St. Louis Road)로 나가서 다리를 통과하면 스키장이 나온다.

Quebec

몽트랑블랑 리조트 Mont Tremblant Resort

몬트리올에서 차로 약 1시간 반 거리에 있는 몽트랑블랑은 북미 동부 최대의 스키장으로 현지인들을 비롯해 관광객들에게도 널리 알려졌다. 서부의 휘슬러만큼은 아니지만 즐기기에 충분한 규모와 시설을 갖추고 있다. 슬로프가 넓게 직선으로 뻗어있는 것이 특징으로 총 77개의 슬로프가 있다.
http://www.tremblant.ca/

찾아가는 방법

1) 대중교통 이용하기
트뤼도(Trudeau) 공항에서 출발하는 셔틀버스 이용
2) 자동차 이용하기
몬트리올 또는 국제공항에서 15 North를 이용해 Sainte-Agathe로 이동. Sainte-Agathe를 따라 이동하다 117번 도로와 만나면 그 길을 따라가다 Saint-Jovite 지나 Chemin Duplessis를 향해 119번으로 진출

몽생뜨앙 Mont-Sainte-Anne

캐나다 동부에서는 최초로 곤돌라를 운영한 곳으로 큰 규모의 완벽한 슬로프를 찾던 스키어들에게 많은 사랑을 받았다. 캐나다에서 산 높이가 가장 높은 스키장으로 65개의 슬로프가 있다. 야간 스키를 운영하

며 크로스컨트리도 유명하다.
http://www.mont-sainte-anne.com/

찾아가는 방법

몬트리올에서 #20 East 또는 #40 East 고속도로를 이용해 Henri 1V Nord(#73 North)까지 이동. 그 후 Route 138 East를 따라 Mont-Sainte-Anne 쪽으로 가다가 Beaupre에서 Route 360을 따라 Mont-Sainte-Anne 까지 이동

몽생쇼바 Mont Saint-Sauveur

1934년 문을 연 이후 가장 큰 규모의 야간 스키 리조트로 알려졌다. 낮에는 환상적인 스키장 컨디션으로 야간에는 아름답고 환상적인 슬로프로 많은 스키어에게 사랑받고 있다. 1년의 절반이 스키시즌이기 때문에 오랫동안 겨울을 즐기고 싶은 이들에게 안성맞춤이다.

http://www.montsaintsauveur.com/

찾아가는 방법

몬트리올에서 15번 고속도로를 이용해 북쪽으로 이동하다가 58번 출구로 빠져나와 Mont Saint-Sauveur 표지판을 따라 이동

아울즈 헤드 Owl's Head

퀘백 주 이스턴 타운십(Eastern Township)의 중심부에 있으며 44개의 슬로프와 8개의 리프트를 운영한다. 여름엔 골프 리조트로도 널리 알려졌으며 리조트 안에 있는 아파트형 호텔에서 내려다보이는 슬로프의 모습이 절경이다. 다양한 패키지 상품이 많이 있어 가기 전 웹사이트를 미리 확인해보는 것이 좋다.

http://www.ohd.ca/

찾아가는 방법

몬트리올에서 Champlain Bridge를 건너 10 East 고속도로를 이용해 Sherbrooke 쪽으로 이동. 106 Eastman 출구로 빠져나와 245 South 도로를 이용해 South Bolton에서 243 south 도로의 Mansonville까지 이동. Manspnville에서 Ch. Vale Perkins 쪽으로 좌회전하고 나서 Owl's Head 표지판을 따라 이동

몽수통 Mont Sutton

몬트리올에서 차로 1시간 반가량 거리의 이스턴 타운십에 위치하는 퀘벡의 대표 스키장이다. 53개의 다양한 슬로프는 수준별, 취향별로 선택의 폭을 넓게 한다. 리조트에는 스파, 하이킹, 승마들 즐길 거리가 다양하다.

http://www.montsutton.com/

찾아가는 방법

몬트리올에서 Champlain Bridge를 지나 68번 출구로 빠진다. 139 south 도로를 이용해 Sutton까지 이동해 왼쪽으로 Mont Sutton 행 Maple Road 이용

006 캐나다의 축제와 이벤트

음식과 와인 축제

● 서부 연한 초콜릿 축제 West Coast Chocolate Festival
코퀴틀람, 포트 무디, 포트 코퀴틀람 지역에 이르는 아름다운 남서부의 초콜릿 축제

http://www.chocolatefestival.ca/

기간 10월경   지역 Coquitlam

● 휘슬러 와인 & 음식 축제 Whistler's Celebration of Wine and Food
닷새 동안 휘슬러의 뛰어난 자연과 더불어 환상적인 음식과 와인을 맛볼 수 있다.

http://www.whistlercornucopia.com/

기간 11월경   지역 Whistler

● 오카나간 와인 축제 Okanagan Wine Festivals
매년 네 차례에 걸쳐 열리는 와인 축제로 포도 농장 방문과 와인 공장에서 즐기는 시음회, 와인을 주제로 한 세미나 등 다채로운 행사가 열린다.

http://www.owfs.com/

기간 4~5월, 8월, 10월, 1월   지역 Lake Okanagan, Kelowna

● **로키산맥 와인 & 요리대전** Rocky Mountain Wine & Food Festival

앨버타의 가장 화려하고 큰 이벤트로 다양한 종류의 와인과 맥주를 지역의 레스토랑과 호텔에서 제공하는 음식과 함께 맛볼 수 있다.

http://www.rockymountainwine.com/

기간 4~5월, 10월경   지역 Red Deer, Banff, Calgary, Edmonton

● **상데 와인 축제** SANTE

와인 애호가들이 손꼽아 기다리는 세계적인 와인 축제로 유명한 와인 제조가들과 주방장들이 모여 다양한 볼거리를 제공한다.

http://www.santewinefestival.net/

기간 5월경   지역 Toronto

● **나이아가라 포도 & 와인 축제** Niagara Grape & Wine Festival

1월에 열리는 '아이스 와인 축제'와 6월의 '뉴 빈티지 축제', 9월의 '와인 축제'까지 총 3개의 와인 축제가 열린다. 축제별로 와인을 맛보는 것은 물론 농장 투어까지 다양한 프로그램들이 준비되어 있다.

http://www.niagaragrapeandwinefestival.com/

기간 1~2월   지역 Niagara

● **쉐디악 바닷가재 축제** Shediac Lobster Festival

바닷가재 먹기 대회와 퍼레이드 등 모든 연령대가 즐길 수 있는 다양한 볼거리를 제공한다.

http://www.shediaclobsterfestival.ca/

기간 7월경   지역 Shediac

● **PEI 국제해산물 갑각류 축제** PEI International Shellfish Festival

바닷가재, 굴 등 친숙한 먹을거리뿐만 아니라 진기한 여러 해산물을 맛볼 수 있다. 단순한 먹을거리 위주의 축제가 아니라 다채로운 문화 행사도 함께 열려 많은 관광객이 찾는다.

http://www.peishellfish.com/

기간 9월경   지역 Charlottetown Waterfront, PEI

문화와 전통 축제

● 밴쿠버 아시아 축제 Vancouver Asian Heritage Month

아시아인이 많이 사는 밴쿠버에서 여러 나라 사람들이 모여 고유의 춤과 노래 등을 선보인다. 한 번에 다양한 문화를 접할 좋은 기회

http://www.explorasian.org/

기간 5월경 지역 Vancouver

● 위니펙 포크로라마 Folklorama

세계에서 가장 큰 규모로 가장 긴 시간 동안 진행되는 다문화 행사로 세계 각지의 사람들이 모여 고유의 음식과 공연을 펼치는 자유로운 분위기의 축제

http://www.folklorama.ca/

기간 8월경 지역 Winnipeg

● 토론토 카리바나 Toronto Caribana

이른 여름 토론토에서 열리는 캐리비안 카니발로 천여 명의 사람들이 가장무도회를 펼친다. 자메이카, 가나, 바하마, 브라질 등 여러 나라의 음악과 춤, 음식을 한 자리에서 즐길 수 있다. 1.5km에 걸쳐 종일 진행되어 그 규모가 웅장하고 화려하다.

http://www.caribana.com/

기간 6~8월경 지역 Toronto

● 퀘벡 윈터 카니발 Carnaval de Quebec

1894년 시작된 퀘백 윈터 카니발이 구시가지, 올드 퀘벡시티 중심부에서 열린다. 17일 동안 개썰매 대회, 빙판 골프, 얼음 낚시, 눈 마차 시승, 카니발 여왕 선발대회 등 크고 작은 행사들이 이어져 매년 국내외 100만 명 이상의 관광객이 모인다.

http://www.carnaval.qc.ca/

기간 1~2월경 지역 Quebec

● **캐나다 툴립 축제** Canadian Tulip Festival
매년 캐나다의 수도 오타와 지역에서 커미셔너 공원을 중심으로 주위에 만발하는 튤립을 주제로 열리는 축제
http://www.tulipfestival.ca/
기간 5월경   지역 Ottawa

● **캐나다 데이** Canada Day
캐나다의 출범을 기념하는 이 날은 백파이프 공연을 비롯해 춤과 음악 등 전통 인디언 문화를 체험할 수 있다.
기간 7월경   지역 Ottawa

● **오타와 윈터루드** Winterlude
캐나다의 독특한 기후와 문화를 기념해서 열리는 오타와의 눈축제다. 17일 동안 얼음조각, 썰매 타기, 불꽃놀이, 크로스컨트리 스키와 스케이트 경주 등 다양한 행사가 열린다.
기간 2월경   지역 Ottawa

● **노바스 코샤 국제 군악연주회** Royal Nova Scotia International Tattoo
세계 각지의 군악 퍼레이드를 감상할 수 있는 축제로 해마다 100만여 명의 관광객이 몰릴 정도로 유명하다.
http://www.nstattoo.ca/
기간 7월경   지역 Halifax, Nova Scotia

예술 축제

● 밴쿠버 축제 Festival Vancouver

50여 개의 클래식, 재즈 콘서트가 열리는 밴쿠버 페스티벌은 전 세계에서 모여든 아티스트들의 공연을 한 자리에서 볼 좋은 기회다.
http://www.festivalvancouver.bc.ca/

기간 8월경 지역 Vancouver

● 노스 바이 노스이스트 뮤직&필름 축제 North By North East

500여 명의 아티스트들과 40여 개의 지역 클럽이 제공하는 음악과 한 해 동안 가장 사랑받은 음악과 관련된 영화를 즐길 수 있는 축제로 나흘 동안 10만여 명의 관광객이 모인다.
http://www.nxne.com/

기간 6월경 지역 Toronto

● 캐나디안 뮤직 위크 Canadian Music Week

1981년부터 열린 캐나다 최고의 음악 페스티벌로 나흘 동안 최고의 아티스트들이 공연한다. 40여 개 이상의 무대에 500개 이상의 밴드가 참가한다.
http://www.cmw.net/

기간 3월경 지역 Toronto

● 몬트리올 국제재즈 축제 Festival International de Jazz

세계적인 재즈 뮤지션들이 참여하는 음악축제로 재즈뿐만 아니라 가스펠, 블루스, R&B, 힙합, 라틴, 레게 등 모든 음악장르가 어우러진 모습을 경험할 수 있다.
http://www.montrealjazzfest.com/

기간 6~7월경 지역 Montreal

● **토론토 국제 영화제** Toronto International Film Festival
세계적으로 인정받는 국제영화제로 이 기간에 할리우드 배우와 감독 뿐만 아니라 유럽, 아시아 등 세계 각국에서 모인 영화인들을 만날 수 있다.
http://tiffg.ca/
기간 9월경 지역 Toronto

● **오타와 국제 애니메이션 축제** Ottawa International Animation Festival
세계 4대 애니메이션 축제에 속하는 북미 유일의 국제 애니메이션 축제로 2년에 한 번씩 열린다. 미국, 캐나다, 남미 등 여러 나라의 특색있는 애니메이션을 한 자리에서 감상할 수 있다.
http://www.ottawa.awn.com/
기간 9월경 지역 Ottawa

● **몬트리올 예술제** Festival International Montreal en Arts
150여 명의 아티스트들이 Ste-Catherine street에 자신들의 예술작품들을 전시한다. 길거리에 작품들이 전시되는 축제이기 때문에 자유롭게 감상할 수 있다.
http://www.festivaldesarts.org/
기간 7월경 지역 Montreal

● **나이아가라-온-더-레이크 쇼 축제** Shaw Festival
캐나다의 연극 축제 중 가장 큰 규모를 자랑하며 3개의 극장에서 다양한 연극과 공연이 상연된다.
http://www.shawfest.com/
기간 5~10월 지역 Niagara

내 인생을 바꾸는 캐나다에서 홀로서기

Part 07

캐나다에서
대학 가기

Canada

001 종류별 대학 안내

캐나다에 학생 비자로 어학연수를 온 사람은 한국에 다시 돌아갈 필요없이 대학이나 전문교육기관에서 학위과정이나 전문과정을 계속 공부할 수 있다. 캐나다는 University(종합대학), University College(종합단과대학), College(단과대학), Career College(직업전문학교) 등 여러 교육기관에서 수준 높은 교육을 제공하고 있다. 최근 University나 College를 졸업하는 국제학생은 캐나다에서 3년 동안 일할 수 있는 취업 비자(Post Graduate Work Permit)를 쉽게 얻을 수 있으며 경력을 쌓아 나중에는 영주권까지도 생각해볼 수 있다.

University

캐나다에는 영어로 강의를 진행하는 약 60여 개의 대학과 불어로 강의를 진행하는 약 20여 개의 대학을 포함해 총 90여 개의 종합대학이 있으며 두 언어 모두로 강의를 진행하는 곳도 있다. 대부분 종합대학은 정부로부터 80% 정도 재정지원을 받아 운영하는 공립대학이다. 캐나다는 주별로 독립된 교육제도를 가진 만큼 대학의 규모와 제공하는 프로그램이 다양하며, 대학별로 특정 분야에 대한 연구업적이나 수업방식 등에 명성을 가진 학교는 있지만 한국만큼 학교의 일반적인 명성에는 큰 의미를 부여하지 않는다. 대학에서는 일반적으로 Undergraduate Program(학사과정), Post Graduate Program(대졸자를 위한 실무교육),

학기
캐나다 대학의 학제는 일반적으로 9월~12월까지의 1st Semester, 2월~6월까지의 2nd Semester 2학기제로 운영되며 일부 대학은 9월~12월까지의 Fall semester, 1월~4월까지의 Winter Semester, 5월~8월까지의 Summer Semester로 운영하는 3학기제도 있다.

Graduate Program(석사과정), Doctoral Program(박사과정)을 제공한다.

University College

한국에서는 다소 생소한 University College(종합단과대학)는 학문연구 목적의 University와 실용교육 중심의 College의 특성을 모두 지닌 교육기관이다. 이곳에서는 1년 미만의 Certificate Program(단기수료과정), 1~3년 과정의 College Diploma Program(전문대학 디플로마과정), 종합대학으로 편입을 위한 University Transfer Program(종합대학 편입과정), 종합대학의 Undergraduate Program(학사과정), Post Graduate Program(대졸자를 위한 실무교육) 등이 제공되며 석/박사과정은 없다. 학제는 일반 종합대학처럼 2학기제나 3학기제로 운영된다. 일반적으로 종합대학보다 소규모 학급으로 운영되어 친근감 있고 활발한 캠퍼스 활동을 할 수 있다.

College

캐나다의 실무전문 교육기관인 College의 발달은 한국과 차별화되는 실용학문의 우수성을 보여주는 좋은 본보기다. 컴퓨터, 경영, 의료서비스, 호텔/관광, 디자인, 마케팅, 수산/해양산업, 공공산업 등 다양한 분야의 실무능력 배양을 위한 약 180여 개의 College가 양질의 교육을 제공하고 있다. College는 University에 비해 실용학습과 현장실무에 중심을 두고 있으며 BCIT 등의 일부 컴퓨터, 항공, 자동차 관련 전문과정은 교육의 우수성과 취업률에서 독보적인 자리를 지키고 있다.

> **편입과정**
> College에서 제공하는 대학편입과정은 영어가 모국어가 아닌 국제학생들이 초기 캐나다 생활에 적응하면서 현지학생과의 경쟁력을 키우는 데 아주 효과적이며, 더욱 쉽게 원하는 University에 입학하는 방법이어서 많은 국제학생에게 인기가 높다.

College에서는 1년과 2~3년 과정의 College Diploma Program과 종합대학 편입을 위한 University Transfer Program(종합대학 편입과정), 6개월~1년 기간에 대졸자를 대상으로 하는 Post Graduate Program(실무교육과정) 등을 제공하며 일부 전공에 한해 3~4년의 Undergraduate

Program(학사과정)도 제공한다. 단기수료과정으로 짧게는 4주에서 길게는 1년까지 다양한 분야의 Certificate Program도 운영한다. 대부분의 College는 3학기제로 운영되며 일부 2학기제로 운영되는 곳도 있다.

Career College

Career College(직업전문학교)는 지역의 산업구조에 기초해 단기간의 직업교육을 통해 지역사회에 필요한 인력을 배양하고자 운영된다. 일반 College와 마찬가지로 실용지식과 실무를 위주로 교육하지만 대부분 프로그램이 1년 미만의 단기과정이라 더 짧은 시간에 전문기술을 습득할 수 있다. Career College는 보통 정부의 지원 없이 사립으로 운영되지만 사립기관들의 수준 높은 프로그램 제공을 위해 각 주 정부가 산하에 감독기관을 두고 정기적인 심사와 감독을 하기 때문에 양질의 교육이 지속적으로 제공된다. 학교별로 전문분야가 특화되며 자동차 정비, 영상기술, 컴퓨터 그래픽/프로그램/네트워킹, 치위생, 간호사, 비서, 호텔/여행, 항공승무원, 요리 등 산업 전반의 교육을 제공한다. 교육을 이수하면 Certificate이나 Diploma가 발급되지만 University나 College에서는 학점을 인정하지 않는 곳이 많으므로 학위취득이 목적인 사람에게는 적합하지 않다.

> **어학연수의 일부**
>
> 최근 국제학생들의 영어실력 향상으로, 단기간에 영어공부와 전문과정을 함께 이수하려는 학생들이 늘어남에 따라 Career College를 찾는 외국학생의 숫자가 많이 증가했다. 개강일이 매달 혹은 2달에 한 번으로 비교적 입학자격과 절차가 간단하다. 어학연수가 1년 계획일 때 6개월 정도 영어학교에서 영어공부 후 6개월 정도 전공과 관련된 전문과정을 수강한다면 향후 진로뿐만 아니라 영어실력 향상에도 더 큰 도움이 될 수 있다.

Canada

University 입학자격

캐나다의 모든 대학이 지원자에게 꼭 요구하는 것은 고등학교 졸업 이상의 학력과 영어로 수업을 듣는 데 필요한 영어능력이다. 캐나다의 대학은 지원자의 11학년과 12학년(고등학교 2~3학년) 과정의 성적에 큰 비중을 두고 심사하며 일부 학교나 과정은 수학, 사회, 과학, 영어 등 특정 과목에서 일정 점수 이상의 성적을 요구하기도 한다. 영어능력은 토플 등의 공인된 영어점수를 제출해야 하며 예술 관련학과 지망 시 오디션이나 포트폴리오 등이 필요하다. 일부 University에서는 지망학과에 관련된 성취도와 관심도를 파악하고자 추가로 자기소개서(Personal Essay), 학업계획서(Study Plan), 추천서(Letter of Recommendation)를 함께 요구한다.

1) 영어점수
- TOEFL: IBT 88점 이상 / CBT 230점 이상 / PBT 570점 이상
- IELTS: 6.5 이상
- 대학부설 ESL 과정 이수: 일부 대학은 부설 영어과정을 운영하며 해당

과정의 적정 레벨을 이수하면 공인 영어점수를 면제받을 수 있다.
2) 고등학교 졸업과 성적: 11학년과 12학년의 성적이 입학심사에 가장 큰 영향을 미친다. 특정 과정은 고등학교 평균점수 75%~85% 이상을 요구하기도 한다.
3) 이전에 다니던 대학의 성적: 한국에서 대학을 다니다 온 사람은 그곳의 성적표를 제출함으로써 입학 경쟁력을 높일 수 있다.

College 입학자격

College에 입학하려면 고등학교 이상의 학력과 일정 수준의 영어능력이 필요하다. 고등학교 성적이 큰 영향을 미치는 University 지원과는 달리 실무교육에 초점을 둔 College는 일부 과정을 제외하고 고등학교 성적이 입학을 크게 좌우하지 않는다. 영어능력 역시 University보다 상대적으로 낮은 편이며 일부 학교는 부설어학교를 운영해 적정 레벨을 이수하면 본과에 입학할 수 있도록 한다. 많은 College가 국제학생들이 더 쉽게 입학할 수 있도록 유명 사설어학교와 연계해 그곳에서 일정 레벨을 이수하면 별도의 영어점수 없이 입학을 허가하고 있다. 일부 학교와 과정은 추가로 추천서(Letter of Recommendation), 자기소개서(Personal Essay), 학업계획서(Study Plan)를 요구하며, 예술 관련학과는 오디션이나 포트폴리오를 요구한다.

1) 영어점수
-TOEFL: IBT 83점 이상 / CBT 220점 이상 / PBT 550~560점 이상
-IELTS: 5.5~6.0 이상
-대학부설 혹은 위탁 ESL 과정 이수: 그 대학에서 운영하는 부설어학교나 연계된 사설어학교에서 적정 레벨을 이수하면 별도의 영어점수 없이 입학할 수 있다.
2) 고등학교 졸업과 성적: 고등학교 중퇴자나 성적이 부족한 학생은 고등학교 학점이수과정을 마친 후 본 과정에 입학할 수 있다.

003 캐나다의 대표적인 대학교

Canada

University of British Columbia (UBC)

4㎢가 넘는 거대한 면적에 아름답게 잘 정리된 캠퍼스로도 유명한 UBC는 1908년 설립되어 2008년 100주년을 맞이했다. 현재 약 35,000명의 학생이 공부하고 있는 캐나다에서 3번째로 큰 대학으로 200여 개 이상의 대학 건물과 캐나다 최대규모의 도서관을 보유하고 있다. UBC의 생명과학, 아시아연구, 환경분야는 세계적으로 그 우수성이 알려졌으며, 기업 분사에 대한 연구 역시 북미지역에서 MIT와 Stanford에 이어 3위에 매겨질 정도로 유명하다. 이외에도 1993년 노벨 문학상을 받은 마이클 스미스 교수를 비롯해 뛰어난 교수진으로 서부 캐나다 최고의 대학으로 인정받고 있다.

http://www.ubc.ca/

Simon Fraser University (SFU)

탐험가 Simon Fraser의 이름을 따 1965년 설립된 SFU의 본교는 밴쿠버 다운타운에서 약 30분 거리인 아름다운 버나비 산 정상에 위치한다. 총 25,000여 명의 학생이 버나비 본교와 다운타운 그리고 서리 캠퍼스에서 공부하며 약 5% 정도가 유학생이다. 학생들은 3학기제로 유연성 있게 수업을 들을 수 있고 더 빨리 주어진 과정들을 마칠 수 있다. 캐나

다에서 가장 다양하고 활발한 산학연계과정을 제공하는 학교로도 유명하며 비즈니스, 커뮤니케이션, 고고학, 운동생리학, 환경관리학 등은 우수한 교육과정을 인정받고 있다. 전 세계 약 24개국의 130개 대학과 활발한 교환학생 프로그램을 진행하고 있으며, SFU에 설립된 Fraser International College를 통해 외국학생의 SFU 입학과 초기 학업을 수월하게 하고 있다.
http://www.sfu.ca/

University of Victoria (UVIC)

아름답고 평화로운 도시 빅토리아에 있는 UVIC는 약 18,000명의 학생이 공부하는 빅토리아의 대표 대학이다. 국제적으로 수준 높은 교수진과 우수한 해양학, 천문학 연구시설이 자랑이며 스포츠 관련학과도 유명하다. UVIC의 법대는 관련 전문잡지에서 캐나다 최고의

법대로 자주 선정되었으며, 캐나다에서 유일하게 법학(Law)과 보건분야(Health Information Science)의 산학연계 프로그램이 있다. UVIC는 총 11개의 복합연구기관을 운영하고 있는데 해마다 전 세계 기업으로부터 250억 원 이상의 연구비를 지원받는다. 25개국 111개 대학과 교환학생 협력 프로그램을 진행하고 있으며, 외국학생을 위해 제공하는 ESL 프로그램 역시 학생들에게 높은 만족도를 얻고 있다.
http://www.uvic.ca/

Emily Carr Institute of Art & Design

캐나다에서 가장 오래된 미술대학으로 세계 미술을 선도하는 대학 중 한 곳이다. 4년 학사학위 과정에서 첫해 Foundation 과정 후 나머지 3년 동안은 School of Design, School of Media Art, School of Visual Art 중에서 선택해 전문과정을 공부하게 된다. 학생과 교직원 평균비율 15:1의 밀착된 수업이 진행되고 학생들은 복합적인 프로젝트와 아이디어들을 직접 실험하며 경험하게 된다. 캐나다 서부의 명문대학인

UBC와 인접하며 Granville Island 등 캠퍼스 주변지역의 다채롭고 아름다운 경관도 미술에 대한 학생들의 감성에 도움을 준다. 약 1,000여 명의 학사과정 학생들과 약 700여 명의 디플로마과정의 학생들이 공부하고 있다.

http://www.emilycarr-university.ca/

British Columbia Institute of Technology (BCIT)

BCIT는 철저한 교육과 졸업 후 높은 취업률로 우수한 평가를 받는 전문 기술대학이다. 버나비의 본교와 밴쿠버 다운타운의 분교에서 약 45,000명의 학생이 짧게는 몇 개월에서 길게는 3~4년까지 Certificate, Diploma, Degree 과정에서 공부하고 있다. 실무 위주의 전문교육으로 Business, Industry, Health Care 등 각 분야에서 바로 일할 수 있는 졸업생을 배출하는데 초점을 맞추고 있으며, 특히 컴퓨터, 자동차 정비, 항공 정비 등의 공대 과정은 캐나다뿐만 아니라 세계적으로 높은 평가를 받고 있다.

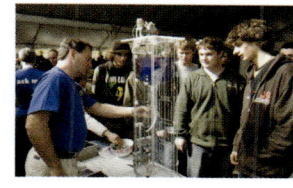

http://www.bcit.ca/

University of Alberta (U of A)

1906년 설립되어 100여 년이 넘는 오랜 전통과 역사를 가진 앨버타 주의 대표 대학으로 에드먼턴 시내에서 차로 약 5분 거리에 89만㎡에 달하는 넓은 캠퍼스가 있다. 현재 약 36,000여 명의 학생이 공부하고 있으며 그 중 약 4.2%에 달하는 1,000여 명의 학생이 외국학생으로 국제교류도 활발하다. U of A는 또 연구중심 대학으로 1988년부터 지금까지 외부로부터 약 9,000억 원 이상의 연구비를 지원받아 최첨단 기재와 연구시설을 갖추고 있다. 해마다 5,000개 이상의 코스들이 개설되며 생물학, 수학, 영어, 정치학 사회학, 실용과학 등은 세계적으로 인정받고 있다.

http://www.ualberta.ca/

University of Calgary

현재 빠른 속도로 발전하고 있는 대학으로 캘거리 다운타운의 전체 면적보다 큰 2㎢의 넓은 캠퍼스를 자랑한다. 1966년 설립되어 현재 약 28,000명의 학생이 16개 학부 80여 개 이상의 학과에서 공부하고 있다. 체육 관련학과는 세계적으로 유명하며 사회복지학, 천연자원, 관광 역시 잘 알려져 있다.

http://www.ucalgary.ca/

University of Saskatchewan (U of S)

1907년 설립되어 100여 년의 역사와 전통을 자랑하며 현재 약 2만여 명의 학생들이 공부하고 있다. 외부로부터 연간 500억 원 이상의 연구비를 지원받으며 진행해온 U of S의 연구활동은 세계적으로 인정받는 많은 성과를 이루어냈다. 방사선을 암 치료에 이용하는 방법을 선도했으며 세계 최초로 동물백신을 만들어냈다. 또 캐나다 최초의 우주선 실험과 100여 개 이상의 농작물 변이를 소개하기도 했다. U of C의 컴퓨터공학은 그간의 연구활동에 대한 영향력으로 캐나다 최고로 인정받고 있다.

http://www.usask.ca/

University of Manitoba

매니토바 주의 주도인 위니펙에 있으며 2.7㎢의 거대한 캠퍼스에서 약 27,000여 명의 학생이 공부하고 있다. 36개의 연구기관이 활발한 연구활동에 전념하는 등 캐나다 내에서 연구형 대학으로 잘 알려졌다. 캐나다 연방정부에 의해 설립되어 캐나다의 리서치 문화를 선도하는 Canada Research Chairs Program에 48개의 의장석을 보유하고 있다.

http://umanitoba.ca/

McMaster University

1887년에 설립되어 1930년 캠퍼스를 인구 40만 명의 조용한 도시 해밀턴으로 옮긴 McMaster University는 세계 100대 대학에 꼽히는 명문 대학이다. 135개의 학사과정과 65개의 석사과정을 제공하는 연구중심 대학으로 총 학생수는 약 22,000명이다. 혁신적이고 새로운 프로그램 개발의 선도자로 전문화된 교육과 성취를 위해 노력하고 있다. 1997년 노벨물리학상 수상자를 배출했으며 학부의 97%가 최상위 학위과정까지 제공하고 있다. Biology, Business, Kinesiology, Psychology, Sociology 등의 과정이 특히 유명하다.
http://www.mcmaster.ca/

Queen's University

세계적인 명성을 가진 Queen's University는 토론토에서 차로 3시간 거리인 킹스턴에 위치하며 약 15,000여 명의 학생이 공부하고 있다. 1831년 설립되어 캐나다에서 학위수여를 가장 먼저 시작한 대학으로 연구활동과 인재육성에서의 사회적 역할과 교육정신이 캐나다를 대표한다. 캐나다에서 입학이 가장 어려운 학교로 알려졌기도 한 Queen's University는 여러 분야에서 세계의 대학 중 상위권에 매겨진다. 학생과 교직원 평균비율 11:1의 소규모 클래스와 세계적인 시설의 연구기관들은 Queen's University를 더욱 경쟁력 있는 대학으로 우뚝 서게 한다.

http://www.queensu.ca/

University of Toronto (U of T)

비즈니스와 금융의 중심인 토론토에 있는 U of T는 우수하고 다양한 프로그램과 유수한 연구실적으로 세계적으로 인정받는 캐나다 최고의 대학이다. 전체 학생수가 약 55,000명으로 14개 학부를 통해 300개의 학사과정, 148개의 석사과정, 95개의 박사과정 등 캐나다에서 가장 많은 분야의 학위과정을 제공한다. 2006년 하버드와 도쿄대학에 이어 세계 3번째로 많은 연구논문을 발표했으며, 2007년에는 Time Higher Education에 의해 Natural Science, Life Sciences & Biomedicine, Technology, Social Science, Arts & Humanities 분야가 세계 10위권으로 평가받았다. Toronto, Mississauga, Scaborough 지역에 총 3개의 캠퍼스가 있으며 1,800만 권 정도의 방대한 도서를 보유한 40여 개의 도서관 시설은 캐나다 최대를 자랑한다.
http://www.utoronto.ca/

University of Waterloo (UW)

일반인들도 '워털루 공대' 라는 말이 낯설지 않을 정도로 UW는 수학, 공학, 컴퓨터공학 등의 이공계 분야에서 세계적인 명성을 얻은 대학이다. 토론토에서 차로 약 1시간 30분 거리의 워털루에 있으며 1957년에 설립되어 약 25,000여 명의 학생이 공부하고 있다. 실무교육을 매우 중시하는 대학으로 산학연계 프로그램 참여비율이 아주 높고 이 때문에 높은 취업률을 자랑한다. 졸업시즌에는 미국을 포함한 전 세계의 기업에서 채용요구가 쏟아진다. 미국의 MS 사에서는 UW의 학생을 가장 많이 고용한다고 한다. 캐나다의 대학 중 전체 학생수에 대비해 가장 높은 비율의 학생들이 National Award를 획득하고 있으며, 교직원 25% 이상이 캐나다의 가장 저명한 학술클럽인 Royal Society of Canada의 회원이기도 하다.
http://www.uwaterloo.ca/

York University

토론토에 있는 York University는 1959년에 설립되었으며 학생수가 약 40,000명에 이르는 캐나다에서 3번째로 큰 대학이다. York University는 혁신적인 연구활동과 많은 상을 받은 교수법으로 캐나다에서뿐만 아니라 세계적으로 높은 인지도를 얻고 있다. 특히 법대는 캐나다에서 가장 큰 Common-Law School이기도 하며 Business Administration,

Political Studies, Psychology, Sociology 등의 전공이 유명하다. York University에는 전체 학생의 5% 정도에 달하는 2,000여 명의 외국학생이 공부하고 있으며, 1985년부터 시작한 ESL 과정을 통해 유학생들이 본 과정에 필요한 충분한 영어실력을 갖추도록 노력하고 있다.
http://www.yorku.ca/

McGill University

1821년 몬트리올에 설립된 McGill University는 2006년 약 4,000억 원의 연구비를 외부로부터 지원받을 정도로 지난 10년간 교수 1인당 연구비 지원금액이 캐나다에서 가장 높았던 대학이다. McGill University는 연구활동을 통해 매년 약 100여 가지를 발명하며 2006년에는 이들 중 약 30%가 특허 허가를 받기도 했다. 총 33,000여 명의 학생 중 약 18%가 유학생으로 캐나다의 그 어느 종합대학보다 다문화적이고 국제적인 학교다. 불어권인 퀘벡 주에 있지만 영어로 수업이 진행되며 리포트는 영어와 불어 중 선택해서 제출할 수 있다. 학생과 교직원 비율이 12:1로 소규모 강의를 진행한다.
http://www.mcgill.ca/

내 | 인생을 | 바꾸는 | 캐나다에서 | 홀 로 서 기

Part 08

귀국준비

Canada

001 세금환급

세금환급(Tex Refund) 대상품목

캐나다의 '방문자 연방소비세 보상 프로그램(VRP)'이 2007년 4월 1일로 폐지되고 FCTIP(Foreign Convention and Tour Incentive Program)라는 새로운 방문자 세금환급 프로그램이 입법 적용됨으로써 단기숙박과 관광상품에 한해서만 세금을 환급받을 수 있게 됐다. 이전 '방문자 연방소비세 보상 프로그램(VRP)'으로 환급받을 수 있었던 C$200 이상의 물건 구입에 대한 세금환급은 이제 진행되지 않는다.

- 세금환급대상 단기숙박(Short-term Accommodation): 캐나다에서 숙박이나 거주의 목적으로 하루 C$20 이상의 호텔, 리조트, Lodge, B&B, 홈스테이 등을 이용한 경우
- 세금환급대상 관광상품(Tour Package): 위의 세금환급대상 단기숙박과 적어도 한 개 이상의 캐나다 국내항공이나 관광서비스가 포함된 관광상품을 패키지로 이용한 경우

세금환급 신청방법

CRA(Canada Revenue Agency) 홈페이지에서 GST/HST Rebate Application for Tour Packages를 내려받아 작성하고, 요구하는 서류들을 모두 모아 신청서에 기재된 주소로 우편신청하면 환급까지는 약 30일 정도 소요된다.
http://www.cra-arc.gc.ca/

필요 서류
- 단기숙박: 각 숙박업소의 숙박일수를 명시한 비용지급 영수증 원본
- 관광상품: 여행일정 원본, 송장, 영수증 또는 여행패키지임을 증명하는 서류(청구된 GST/HST, 지급수단, 판매자가 명시된 서류), 여행상품에 포함된 숙박시설에서 머문 날의 수가 명시된 서류

002 짐 정리하기

Canada

캐나다 방문자들은 대부분 귀국 전 짐 정리를 하면서 캐나다 도착 후 산 각종 의류, 서적, 스포츠용품, 귀국선물 등으로 불어난 자신의 짐에 놀랄 것이다. 보통 항공사에서 허용하는 수화물의 무게가 23kg 이하의 가방 2개로 제한되어 있기 때문에 꼭 필요한 물건이 아니라면 캐나다에서 팔거나 아니면 친구에게 주고 오는 것이 좋다. 물건들을 처분한 후에도 항공기 수화물로 모두 보낼 수 없을 만큼 짐이 많이 남아있다면 한국에 도착 후 당장 필요하지 않은 계절의류나 스포츠용품 등은 우체국이나 운송서비스 업체를 통해 한국으로 보낼 수 있다. 저렴한 가격의 배편을 이용하면 한국까지 대개 한두 달 정도 소요된다. 하지만 간혹 운송사고로 짐이 분실될 수도 있으니 반드시 귀중품은 항공기 수화물로 직접 가져가는 것이 좋다.

Take Over와 Garage Sale로 짐 처분하기

일반적으로 Take Over로 짐을 떠넘기고 이사할 때는 TV, 전기밥솥, 전자레인지 등의 전자제품과 책상, 침대 등의 가구까지 개인 물건을 제외하고는 모두 그대로 남기고 이사한다. 남기고 가는 모든 물품을 통틀어 가격을 책정하고, 정보지나 인터넷, 학교나 마트, 유학원 등에 설치된 게시판을 통해 광고한다. Take Over는 물건을 하나씩 파는 것이 아니라 다음에 이사 올 사람에게 한 번에 몽땅 떠넘기는 것이기 때문에 이런 광고를 찾는 사람들은 집과 가구를 한 번에 찾는 사람이다.
집과 상관없이 쓰던 물건만 처분하는 경우는 집 앞 공터에 진열하고 직접 판매하는 Garage Sale을 할 수도 있고, 길에서 물건을 파는 것이 꺼려지는 사람은 Take Over 광고처럼 귀국세일 광고를 정보지나 인터넷에 올리거나 게시판을 통해 알릴 수 있다.

003 항공 좌석 예약과 탑승수속

한국으로 돌아오는 날짜가 지정되지 않은 오픈 항공권을 가지고 있다면 가능한 한 빨리 항공사로 연락해서 귀국일을 지정해야 한다. 12월~2월, 6월~8월 기간은 성수기라 좌석이 조기에 마감되므로 원하는 날짜에 예약하는 것이 쉽지 않다. 만약 이 기간에 한국으로 귀국할 계획이라면 약 3개월 전에는 미리 좌석을 예약해야 일정에 무리가 없다. 예약은 해당 항공사 사무실로 전화나 방문을 해서 하면 되는데 대한항공을 제외하고는 영어로 소통해야 한다. 돌아오는 날짜 지정을 위해서는 산 항공권의 상세 정보가 필요하므로 한국에서 미리 이메일로 전달받은 항공권을 프린트해서 꼭 지참하도록 한다. 한국으로 돌아오는 항공권을 예약했으면 귀국 4-5일 전에 다시 한번 항공사에 연락해서 자신의 항공일정에 이상이 없는지 확인하는 것이 좋다.

스탠바이

희망날짜에 항공좌석을 예약하지 못했지만 반드시 그 날짜에 귀국해야 하는 경우가 생긴다면 원하는 날 공항에 일찍 도착해서 혹시 생길 수 있는 빈자리를 기다리는 스탠바이(Stand by)를 시도해볼 수 있다. 좌석이 지정되지 않은 항공권을 가지고 희망하는 날짜의 출발시각 약 5시간 정도 전에 공항에 도착해서 대기자 명단(Waiting list)에 자신의 이름을 올리고 기다리는 방법으로, 항공기에 공석이 생길 경우 선착순으로 먼저 탑승이 허가된다. 일반적으로 편당 2~3개의 공석이 생기므로 반드시 특정일에 귀국해야 할 경우 시도해볼 만하지만, 공석이 생기지 않으면 다시 돌아오거나 다음 항공편의 대기자 명단에 또 이름을 올리고 기다려야 한다.

주요 항공사 캐나다 연락처
대한항공
1-800-438-5000
에어캐나다
1-888-918-888
1-888-247-2262
싱가포르항공
1-800-663-3046
(604) 689-1223
일본항공
1-800-525-3663

공항에서 탑승수속

공항에 도착하면 해당 항공사의 체크인 데스크를 찾아가 직원에게 여권과 항공권을 보여준 후 수화물 가방을 맡기고 탑승권을 받는다. 이때 주는 수화물 택(Baggage Claim Tag)은 한국에 도착 후 수화물 분실을 대비해 잘 보관한다. 수화물을 보내고 탑승권을 받았다면 출국장으로 들어가면 된다. 출국장에서는 여권과 항공권을 보여주고 간단한 보안검색 후 출국수속을 마치게 되며 별도의 출국신고서는 작성하지 않는다. 출국수속이 끝났다면 공항 내의 면세점을 이용할 수 있으며 탑승시간에 늦지 않게 해당 탑승구(gate)로 이동한다.

· 캐나다 체험기
· 지역별 지도와 노선도

김성권

군대를 제대하고 꽤 오랫동안 꾸준히 어학연수를 준비해왔다. 강남의 유명한 어학원을 등록해 영어공부를 하면서 유학원과 인터넷을 통해 많은 정보를 수집했다. 미국, 캐나다, 영국, 호주 그리고 필리핀 등 여러 나라에 관해 알아보고 비교해 봤지만, 미국과 가까우면서도  더 저렴하고 안전한 캐나다가 좋을 것 같았다. 사실 난 딱딱한 영국식 영어보다 한국사람에게 좀더 익숙한 미국식 영어가 더 매력적으로 느껴졌고, 멋진 자연환경과 총기휴대가 금지되어 있다는 사실에 캐나다가 더욱 끌렸다. 나라를 결정했으니 이제 학교를 등록하는 일만 남았다. 혼자 학교를 등록하고 비자를 신청할 수도 있겠지만 초보자가 괜히 일을 그르치는 것보다는 전문적으로 이런 일을 하는 유학원에 맡기는 것이 안전하겠다는 생각이 들었다. 이왕이면 캐나다와 한국에 모두 사무실이 있고 신속한 업무협조가 가능한 유학원이 좋을 것 같았고 이런 곳을 찾게 되었다.

 상담을 통해 어학교를 선택하고 유학원에서 말해주는 대로 서류를 준비했다. 그동안 준비도 많이 했고 현지에서도 정말 열심히 공부할 생각이었기 때문에 엄격한 수업을 자랑한다는 P**에 등록했다. 설마 비자가 안 나오지는 않겠지 하고 걱정했는데 비자는 수월하게 발급되었다. 1년 정도 공부할 예정이지만 일단 6개월 정도 공부한 후에 나의 전공 (전산학)과 관련된 수업을 영어로 들어보고 싶은 마음에 나머지 6개월은 그때 가서 결정하려고 했다. 숙소는 현지인 가정에서 생활해보고 싶어 유학원에서 추천하는 홈스테이로 신청했다.

드디어 캐나다로 출국하는 날이 다가왔다. 태어나 처음으로 그것도

혼자서 하는 외국행이라 설레는 마음으로 비행기에 올랐다. 10시간 정도 비행을 한 후 밴쿠버 공항에 내렸고 생각만큼 입국심사는 어렵지 않았다. 그냥 영어를 공부하려고 왔고, 여행도 할 계획이라고 얘기하며 돌아가는 항공권을 보여주니 바로 통과시켜주었다. 짐을 찾고 공항 밖으로 나오니 한국에서 신청했던 공항 픽업자인 듯한 사람이 내 이름이 적힌 팻말을 들고 있었다. '아! 이제 시작이구나' 하는 기대 반 두려움 반의 기분이었다.

어설픈 영어로 홈스테이 가족들과 인사를 하고 내가 사용할 방을 안내받았다. 홈스테이에서는 방을 깨끗이 사용할 것과 세탁, 주방 사용법 등 지내는 동안의 규칙을 설명해주었다. '여기가 캐나다구나! 내가 드디어 올 곳에 왔구나! 열심히 공부해서 원하는 성과를 얻어가야겠다.'라고 다짐하며, 짐을 풀고 주변을 살펴보려고 밖으로 나갔다. TV에서나 보던 잔디밭이 깔린 2층 집들, 반듯하게 정돈된 도로와 나무들, 그리고 한국에서는 보기 드문 외국인들이 거리를 활보하고 있었다. 주변을 잠시 돌아보고 저녁을 먹으러 다시 홈스테이로 돌아왔다. 이곳에는 이미 멕시코 학생 한 명과 스위스 학생 한 명이 머물고 있었다. 이 친구들로부터 캐나다 생활에 대해 이야기 들으며 금방 친구가 되었다.

학교에 다니기 전에 며칠 여유가 있어 시내에 있는 유학원에 자주 놀러 갔다. 한국에 있는 유학원과는 달리 현지의 유학원은 단순히 학교 상담만 하는 곳이 아니라, 현지에서 필요한 다양한 정보를 얻을 수 있다. 이곳에서 일본인과 한국
인 친구도 사귀고 유용한 정보도 많이 전해 들을 수 있어서 좋았다. 이렇게 첫 수업이 시작하기 전에 시내 지리와 가볼 만한 곳, 쇼핑장소 등을 알아보며 현지생활에 대한 감각을 익혔다.

드디어 학교생활이 시작되어 일본, 남미, 유럽 등 세계 각지에서 온 친구들을 만났다. 내가 다니는 학교에는 Oral Production이라는 수업이 있는데, 정말 이해하기 쉬운 동작과 예문 등을 통해 현지에서 바로 써먹을 수 있는 유용한 표현들을 배울 수 있었다. 수업도 수업이지만 방과 후와 주말에는 한국에서 쉽게 할 수 없었던 다양한 레포츠를 즐겼다. 일단 축복받은 자연환경과 함께 즐길 수 있는 스키와 스노보드! 한국에서처럼 길게 줄 서서 기다릴 필요도 없으니 정말 금상첨화가 이런 걸 두고 하는 말이겠지. 또, 만 원 정도의 비용으로 18홀의 Pitch & Putter 골프를 즐기 수 있고 스탠리 파크와 잉글리시 시베이를 오가며 인라인 스케이트를 즐길 수 있는 그곳은 마치 도시 전체가 공원 같았다.

6개월 정도 공부했을 때 처음보다 영어가 많이 늘었다고는 느꼈지만 여전히 뭔가 부족하다는 생각이 들었다. 이제 ESL이 아니라 한국에서도 생각했던 전공수업을 영어로 들어볼 때가 온 것이다. 그래서 멀지 않은 College에서 테스트를 보고 단기 컴퓨터 프로그램 과정을 수강했다. 한국에서 이미 같은 전공의 2학년 과정을 마친 상태였기 때문에 수업내용을 따라가는 것에는 큰 어려움이 없었다. 하지만 첫 수업 중간에 있었던 coffee break!! 아직도 잊을 수 없다. 함께 수업

듣던 친구에게 Aren't you cold?(안 츄 콜드?) 하며 쉽게 말을 건넸지만 그 친구의 반응은 나의 뒤통수를 크게 내려쳤다. What?? 다시 한 번 Aren't you cold? 하지만 대답은 What?? 헉! ESL을 다닐 때는 선생님을 비롯해 누구나 쉽게 이해하던 말이었는데 이걸 못 알아듣다니… 나는 순간 What I mean is… cold outside, isn't it? 그제야 그 친구는 이해했지만 내 발음이 처음에는 뭐라고 하는지 알 수 없었다고 한다. 나는 무엇이 잘못되었는지 곰곰이 생각하게 되었고, 결론은 r 발음을 제대로 하지 않아서인 것 같았다. 다음날 그 친구에게 다시 도전한 Aren't you cold? 는 성공적이었다. 이를 통해 외국에서 선생님이 아닌 현지인과 말을 하면 그 사람은 내가 완벽하지 않은 영어발음을 할 것이라는 것을 예상하지 못하기 때문에 발음에 특히 신경 써야 한다는 것을 알았다. 나머지 6개월 동안도 열심히 수업을 들었고 마지막에 제출하는 과제는 내가 제일 먼저 작성해 친구들 앞에서 무사히 발표할 수 있었다. ^^

1년의 캐나다 생활 동안 한국에서는 할 수 없었던 많은 경험을 해보았고, 특히 많은 외국인 친구들을 사귈 수 있었던 것이 가장 좋았다. 한국에서는 아무리 적극적으로 행동한다고 해도 그렇게 많은 외국 친구들을 만나기가 쉽지 않을 것이다. 친구들을 뒤로하며 나는 다시 한국행 비행기에 올랐지만 이들은 여전히 나에게 소중한 친구들이고 사회에서도 서로 도움을 줄 수 있는 사이로 남아있다.

김효정

대학 졸업 후 진로를 결정하지 못한 나는 영어공부를 하러 떠나기로 마음먹었다. 10개월 정도 공부할 생각으로 인터넷과 관련 서적을 뒤지며 정보를 수집했지만, 난생처음 오랫동안 집을 떠나 낯선 외국에서 생활할 것을 생각하니 기대 반 두려움 반이었다. 신체검사와 서류준비가 번거롭게 느껴지기도 했지만 결과적으로 1년이 넘게 공부했기 때문에 미리 비자를 받아 캐나다에 간 것이 옳은 선택이었던 것 같다. 처음 떠나겠다고 마음먹었을 때는 마냥 설레기만 했는데 막상 출국을 일주일쯤 앞두고는 떨리고 걱정만 되었다. 다녀온 사람들의 경험담을 통해 필요한 물건들을 꼼꼼히 준비했지만 계속 뭔가 빠진 것만 같았으니까.

10시간 정도 긴 비행을 마치고 밴쿠버 공항에 도착했을 때 한국의 무더위와는 차원이 다른 화창한 여름이 나를 반겨주었다. 밴쿠버가 왜 할리우드 배우들의 여름 휴양지로 선택되는지, 가장 살기 좋은 도시로 손꼽히는지 이해가 갔다. 아직도 그 첫날의 기분을 잊을 수가 없다.

먼 타국에서 그것도 처음 보는 외국인들과 함께 잘 지낼 수 있을지 걱정이었지만 환한 미소로 맞아주는 홈스테이 가족들 덕분에 그런 우려는 한순간에 사라졌다. 내 부족한 영어실력 때문에 의사소통이 가능할지 두려웠지만 워낙 외국학생들을 많이 만나본 분들이라 그런지 내 말을 귀담아 들어주고 잘 이해해주셨다.

사실 홈스테이로 필리핀 가정을 처음 배정받았을 때는 왠지 모를 실망감이 들었지만 가족 분위기와 음식이 너무 마음에 들어서 즐겁게 생활할 수 있었다. 아주머니, 아저씨

모두 직업이 있어 바쁜 와중에도 홈스테이 학생에게 소홀하지 않고, 김치찌개, 갈비 등 한국 음식 솜씨도 좋아서 학교 친구들이 부러워했다. 현지에서 태어난 중학생 아들이 숙제도 도와주고 대화상대도 되어줘서 공부에도 많은 도움이 되었다. 나보다 먼저 그 집에서 생활하고 있던 한국과 일본 여학생의 도움도 많이 받았다. 홈스테이의 국적비율이 별로 좋지 않다는 처음의 생각은 괜한 걱정이었던 것 같다. 식사시간이나 가족들이 함께 모여서 TV를 시청할 때는 학교의 English Only 정책에 버금갈 정도로 반드시 영어만 사용해야 했다.

첫 주말이 지나고 드디어 영어학교에 가게 되었다. 한국에서 학교를 정할 때 체계적인 커리큘럼과 다양한 프로그램에 끌려서 I***라는 학교에 등록하게 되었는데, 6개월 동안 지내면서 정말 탁월한 선택이었다고 생각한다. 한 학교를 오래 다니면 지루하다는 말도 있지만 나는 영어실력이 워낙 기초여서 6개월 이상의 ESL 수업이 필요했고, 또 여러 곳을 옮겨 다니면 적응기간과 다시 처음부터 시작하는 것 같은 기분이 들 것 같아서 한 곳에서 꾸준히 공부할 생각이었다. 6개월 어학교 등록이 찍힌 입학허가서를 가지고 와서 처음 체류기간을 8개월 받았기 때문에 한동안 비자 연장에 신경 쓰지 않아도 됐던 점도 시간적, 경제적으로 이익이었던 것 같다.

수업을 마치면 매일 열리는 다양한 과외활동에 참여하거나 가까운 도서관에 가서 숙제하면서 시간을 보냈다. 4주마다 치르는 레벨 테스트에서도 좋은 성적을 받아서 꾸준히 레벨을 높여나갈 수 있었고 그렇게 24주의 ESL 과정을 마치고 나니 더 세분화된 과정들을 수강

할 수 있는 실력이 되었다. 다음 과정으로는 한국 학생들 사이에서 인기도 많고 Speaking 실력도 많이 향상된다고 하는 TESOL을 선택했다. 영어를 가르치는 교수법을 배우는 TESOL 수업은 ESL 보다는 훨씬 수준이 높고 함께 공부하는 친구들의 실력도 만만치 않았다. 방과 후는 물론 주말까지 과제와 실습 준비로 바쁠 정도로. 사람들 앞에서 발표하는 것을 항상 두려워하던 나에게 칠판 앞에서 한국어도 아닌 영어로 단어를 가르치고, 문법을 설명하는 것이 처음에는 정말 고역이었다. 그렇지만 수업시간마다 반복하다보니 나중에는 익숙해지고 자신감이 생겼다.

TESOL 과정을 마치면 비즈니스와 통번역 과정을 듣고 한국에 돌아올 생각에 미리 학비를 내고 받아놓은 입학허가서와 ESL 수료증, 잔고증명서를 준비해서 만료일 2달 전에 비자연장을 신청했다. 이곳에서도 역시 유학원의 도움으로 하긴 했지만 한국에서 비자를 신청하는 것보다는 훨씬 간단했다. 두 번째 학교로 선택한 P**는 학비가 비싼 것이 단점이었지만 시설과 강사진이 훌륭하다는 평을 듣고 선택하게 되었다. Business Communication Diploma는 2달 과정인데 실제 기업을 조사하고, 협상, 미팅, 서류 작성법 등을 공부했다. 새로운 관련 단어들을 배우고 업무에 필요한 전화받는 요령부터 성공적인 면접에 이르는 방법까지 많은 것을 연습할 수 있어서 좋았다. 비즈니스 과정을 수료하고 나니 밴쿠버의 여름이 돌아왔다. 밴쿠버의 겨울은 매일같이 비가 내려서 자주 우울

했지만 여름은 여전히 눈부시고 활기차다. 잠시 휴식기간을 두고 여러 축제와 행사들을 구경하면서 그동안 공부한 것들을 정리하는 시간을 가졌다. 잉글리시 베이에서 4일간 진행된 불꽃축제와 3박 4일

동안 다녀온 로키산맥 관광은 캐나다에서 빼놓을 수 없는 추억이 되었다.

마지막으로 가장 어렵다는 통/번역 과정을 마친 후 미국을 여행하고 한국으로 돌아왔다. 캐나다는 특히 여학생이 가면 돌아오기 싫어진  다는 말이 사실인 것 같다. 한국에 돌아와서도 캐나다의 아름다운 자연과 친절한 사람들이 아직도 생각나고 그리워지니 말이다. 1년 동안 자신을 돌아보고 많은 것을 배우고 경험을 할 수 있었다. 훌륭한 교육시설도 좋았지만 특히 친절한 사람들과 새로운 친구들을 만날 수 있었던 것이 참 좋았다. 다른 사람들도 한국에서 철저하게 준비하고 캐나다에서 계획한 대로 열심히 생활한다면 평생 잊을 수 없는 멋진 경험을 하고 돌아올 수 있을 것이다.

Downtown Vancouver

Downtown Toronto

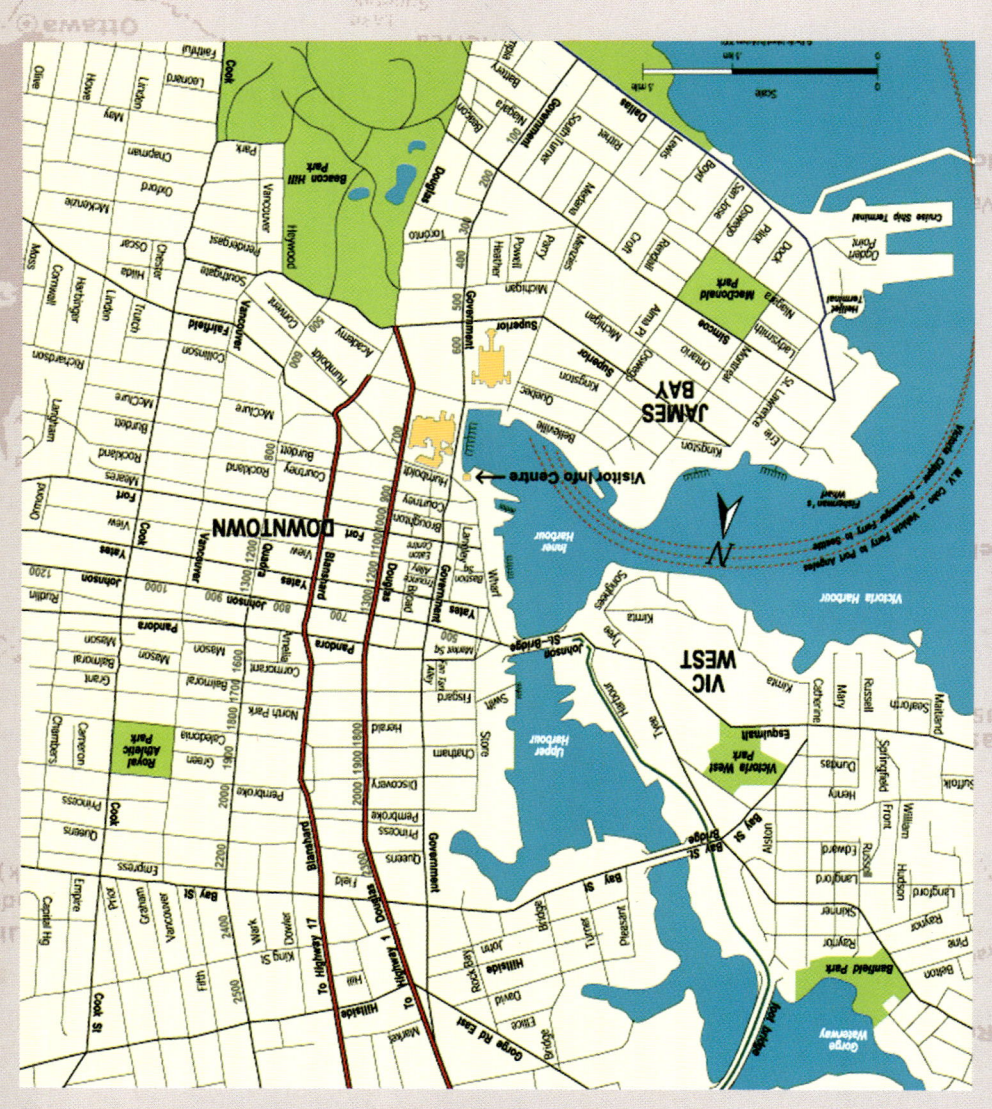

Downtown Victoria

Toronto Subway

한국 공관, 캐나다 한인회 연락처

캐나다 한인 공관
★ 오타와 대사관: (613) 244-5010
★ 밴쿠버 총영사관: (604) 681-9581
★ 토론토 총영사관: (416) 920-3809

캐나다 각 지역 한인회
★ 밴쿠버 한인회: (604) 255-3739
★ 토론토 한인회: (416) 383-0777
★ 빅토리아 한인회: (250) 721-4060
★ 캘거리 한인회: (403) 216-4600
★ 에드먼턴 한인회: (780) 468-3177
★ 새스커툰 한인회: (306) 966-5320
★ 매니토바 한인회: (204) 284-0255
★ 리자이나 한인회: (306) 525-5257
★ 해밀턴 한인회: (905) 690-8297
★ 킹스턴 한인회: (617) 397-3085
★ 나이아가라 한인회: (905) 871-2171
★ 런던 한인회: (519) 433-2799
★ 오타와 한인회: (613) 692-3249
★ 몬트리올 한인회: (514) 481-6661
★ 노바스코샤 한인회: (902) 423-5037
★ PEI 한인회: (902) 367-9750

SURVIVAL ENGLISH

내 인생을 바꾸는
캐나다에서 홀로서기

2008년 11월 10일 초판 1쇄 발행
2010년 2월 1일 개정 2쇄 발행

지은이/ 이창훈

펴낸이/ 김영철
펴낸곳/ 국민출판사
등록/ 제6-0515호
주소/ 서울특별시 마포구 서교동 382-14
전화/ (02)322-2434 (대표) **팩스**/ (02)322-2083
홈페이지/ www.kukminpub.com

편집/ 김종연 · 이대원 · 김옥남
표지디자인/ 송은정 **본문디자인**/ 강민주
영업/ 김종헌 · 김정미 **관리**/ 한정숙 · 이민욱

ⓒ 이창훈, 2008

ISBN 978-89-8165-192-3 13980

※ 잘못된 책은 구입한 서점에서 교환하여 드립니다.

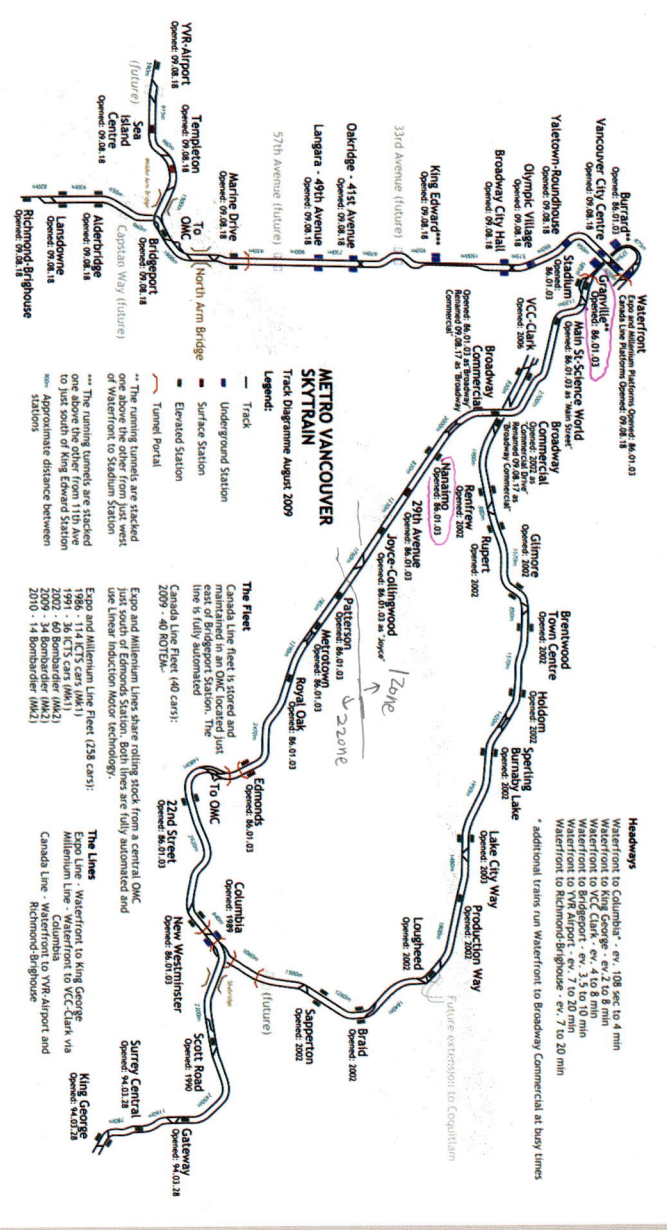

Vancouver Skytrain

Montreal Metro